Nur ein paar Stündchen

Nix wie raus, ganz schnell ins Grüne. Auch mit wenig Zeit lässt sich Großartiges erleben. Kleine und große Abenteuer warten direkt vor der Haustür.

4H

Raus für einen Tag

Man muss nicht das Land verlassen, um neue Welten zu entdecken. Einfach mal einen Tag lang raus aus dem Alltagsallerlei und rein in die Natur.

12H

Ferien für ein Wochenende

Warum auf die große Auszeit warten, wenn man einen Wochenendtrip in der Nähe machen kann? Vergnügen, Abenteuer und Wohlgefühl kompakt und intensiv.

36H

Abenteuer
ESKAPADEN
AUSZEIT
AUSGLEICH
Wochenende
LÄCHELN
STADT. LAND. FLUSS.
LEICHTIG-
KEIT
FREE
ERLEBEN
GRÜN
kleine Fluchten
Wege
Lebensfreude
NATUR
GLÜCK
von Andrea Lammert

LIEBE LESERIN, LIEBER LESER,

moin und herzlich willkommen in Ostfriesland! Es scheint, als hätte diese Gegend mehr Himmel als andere Landstriche abbekommen. In nur wenigen Regionen Deutschlands reicht der Blick derart weit wie in Ostfriesland. Eine Region, in der es irgendwie immer windig ist und das Wetter gerne drei Jahreszeiten an einem Tag spendiert.

Ostfriesland, das sind nicht nur Witze, Tee und die berühmten Inseln, der Landstrich hat viele Gesichter: Inseln, Moore, feine Sandstrände, schlickiges Watt, Wald und vor allem Schafe auf dem Deich. Die Region ist perfekt, um sich kleine Auszeiten vom Alltag zu nehmen – ob auf dem Rad, im Kanu oder in Wanderschuhen.

Viele wunderbare Eskapaden in Ostfriesland wünscht Ihnen, dir und euch

Andrea Lammert

PS: Informationen zum GPX-Download gibt's auf Seite 224.

AUSZEIT.
ABENTEUER.
LEBENSFREUDE.

1. KAPITEL ABSTECHER

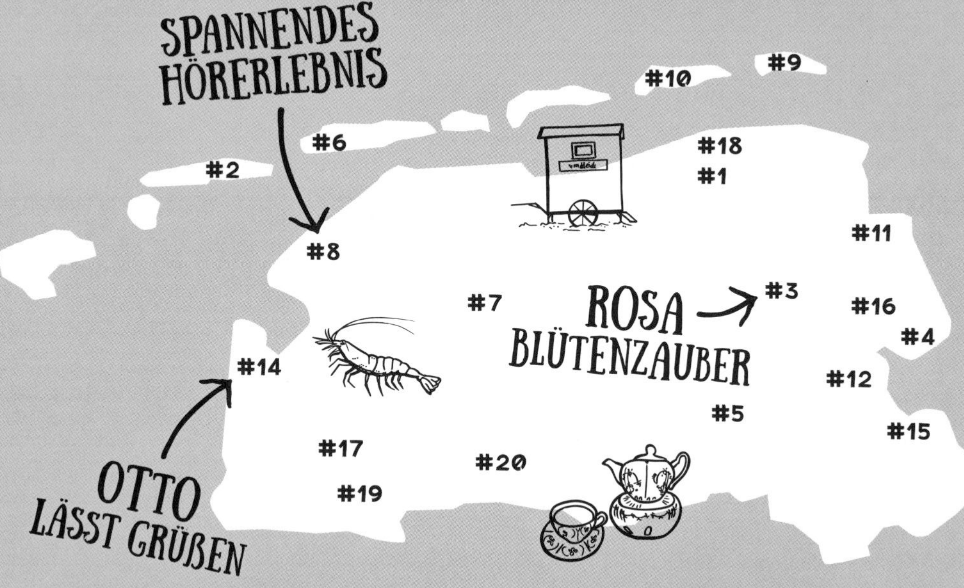

Nur ein paar Stündchen

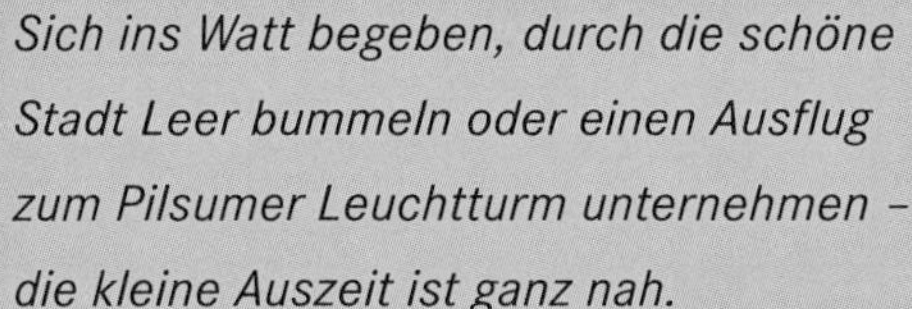

Sich ins Watt begeben, durch die schöne Stadt Leer bummeln oder einen Ausflug zum Pilsumer Leuchtturm unternehmen – die kleine Auszeit ist ganz nah.

4H

DER HARLE NACH

… von Carolinensiel nach Harlesiel

Das friesische Carolinensiel bietet sich nicht nur für einen Stadtbesuch an. Besonders schön ist der Spaziergang nach Harlesiel entlang des Harlestroms. Dabei lernt man so einiges über die Kunst der Landgewinnung, aber auch über die Macht der Sturmfluten der Nordsee.

#Nordseeluft #Sielorte #demWattentgegen #Harlebucht

Ohne Schiffe geht hier nichts. Der Namensgeberin von Carolinensiel ist eine Skulptur im Hafen gewidmet.

→ Abstecher ...

Ob sie wohl schön war? Ihr Name klingt auf jeden Fall nach Sand und Traumstrand: Harlebucht. Wo einst Meereswellen anbrandeten, wachsen heute Mais und Weizen, und Windmühlen drehen ihre Flügel. Dem Meer abgerungen hat der Mensch die Harlebucht bereits im 16. Jahrhundert. Stück für Stück hat er dem Meer Deiche entgegengesetzt, das schlickige Land mit Gräben entwässert und in fruchtbaren Boden verwandelt. Die einstige Meeresbucht ist nun Geschichte. Sie lässt sich kaum mehr erkennen, wohl aber das menschliche Eingreifen in die Nordsee.

Bereits beim Start der Tour in Carolinensiel ist die Vergangenheit präsent. Dort zeichnet sich ein merkwürdiges Bild ab: ein Hafen im Landesinneren. Malerisch schaukeln die Holz-

kutter im Wasser. Heute laufen nur noch sehr wenige Schiffe von dort gen Nordsee aus. Mitunter schiebt sich der Raddampfer »Concordia« leise ratternd die Harle flussaufwärts, er bringt regelmäßig Touristen von Harlesiel nach Carolinensiel und zurück.

Kaum vorstellbar, dass Carolinensiel im 18. Jahrhundert einer der wichtigsten Handelshäfen Ostfrieslands war. Plattbodenschiffe starteten einst von dort, beladen mit Kartoffeln, Käse oder Kohl, nach England. Von dieser Handelsroute ist nur wenig übrig geblieben, Dampfschiffe und Eisenbahn brachten diesen alten Transportweg zum Erliegen. Wie bedeutsam Carolinensiel einst war, darüber informiert das Sielhafenmuseum mit seiner in vier Gebäuden untergebrachten Ausstellung (www.deutsches-sielhafenmuseum.de).

Nach dem Bummel durch den Museumshafen führt die Tour auf der Westseite gen Harlesiel. Vorbei geht es an Eisbuden und Cafés immer entlang der Harle. Schon bald verlässt der Weg das Ortszentrum. Pferdeweiden kommen links in Sicht, während rechts ein typisch ostfriesisches Fotomotiv weiß in der Sonne strahlt: Die Friedrichsschleuse mit ihrer Klappbrücke mutet an wie einem Van-Gogh-Gemälde entsprungen. Von dort aus erblickt man das Schöpfwerk in Harlesiel, einen großen Backsteinbau aus den 1950er-Jahren. Bei Ebbe wird es geöffnet, damit die Harle ins Meer rauschen kann und Schlick und Schlamm mit sich fortschwemmt. Vom Schöpfwerk gelangt man in einigen Minuten bis zum Sandstrand, dem Ziel des Spaziergangs. Wer will, wandert am anderen Ufer der Harle wieder zurück – oder lässt sich vom Raddampfer bequem fahren.

Vom historischen Hafen mit den Plattbodenschiffen geht es entlang an Museen und der Harle zum Sandstrand von Harlesiel – am besten mit einem Eis in der Hand.

FAZIT: EIN SPAZIERGANG MIT BILDERBUCHAUSSICHTEN AUF DEN ALTEN HAFEN.

Hin & weg: Wer mit öffentlichen Verkehrsmitteln reist, kann ab Jever etwa die Buslinie 211 nehmen. Ansonsten verbindet der Bus der Küstenlinie K1 Carolinensiel mit den anderen Sielorten Ostfrieslands.

Beste Zeit: Frühlingsnachmittage.

Dauer & Strecke: Ca. 1 Std. für 3 km (reine Gehzeit). Wer in Harlesiel baden möchte, schaut zuvor auf die Tidetabelle, um den Strand bei Hochwasser zu erreichen. Zurück in Carolinensiel bietet das Restaurant Heimathafen den schönsten Blick über den Hafen. Die Speisekarte ist modern und bietet neben dem üblichen Fisch zudem verschiedene vegane Gerichte an (www.heimathafen-of.de).

Ausrüstung: Sonnenschutz, Fotoapparat, Badesachen.

IN ALLER RUHE

... zur Bill auf Juist

#2

Urlaub auf Juist, und es hört nicht auf zu regnen? Dann nichts wie aufs Rad und raus zur Bill. Es muss nicht immer blauer Himmel sein. Wer bei Regen radelt, hat die Inselspitze für sich allein, während die Regenwolken ganz eigene Stimmungen zaubern.

#Schietwetter #Nordseeliebe #auchbeiRegenschön #Petrichor

Dunkelgraue Wolken ziehen auf Juist schnell vorüber, und schon bald zeigt sich der blaue Himmel.

→ Abstecher …

Schon beim Aufwachen lässt sich das Wetter hören. Statt heller Sonnenstrahlen nimmt man Trommelwirbel am Fenster wahr. Dicke Regentropfen – auch das ist leider typisch Nordsee. Also wird es heute nichts mit dem Strandspaziergang, keine Zeit in den Dünen, nicht draußen sitzen. Oder? Doch. Gerade jetzt raus! Nun hat man die Insel fast für sich allein, alle anderen sitzen in den Teestuben und lassen den Kluntje knistern. Also Regenhose übergestülpt, Jacke an, und los geht es. Aufs Rad und auf zur Bill.

Das Westende der Insel Juist gleicht einer großen Sandbank. Ganz im Westen der 17 Kilometer langen Insel befindet sich eine einzigartige Landschaft – so jedenfalls schwärmen die Inselkenner von der Bill. Andere wiederum genießen lieber und machen sich auf zur Domäne Bill, dem Ausflugslokal der Insel mit dem wohl größten Rosinenstuten, den Juist kennt. Er hat fast die Maße eines Frühstückstellers. Doch »Krintstuut«, wie er in Ostfriesland genannt wird, muss warten, die Sandbank steht auf dem Programm.

Einmal kräftig durchpusten lassen kann man sich an der Bill, dem sandigen Westende von Juist, danach mundet eine Scheibe Krintstruut (Rosinenbrot) natürlich in Begleitung eines echten Ostfriesentees hervorragend.

Vom Zentrum der Insel führt die Tour zunächst nach Loog, dem zweiten Inseldorf. Vorbei an Ferienhäusern und dem Deich auf der anderen Seite. Der Blick schweift über das Watt und die inselseitig vorgelagerten Wiesen, auf denen ab und an Pferde grasen. An der Domäne Loog gabelt sich der Weg. Dort gäbe es die Möglichkeit, einen Abstecher zum Hammersee zu unternehmen oder zum Nordseestrand. Die Tour führt weiter an der Wattseite

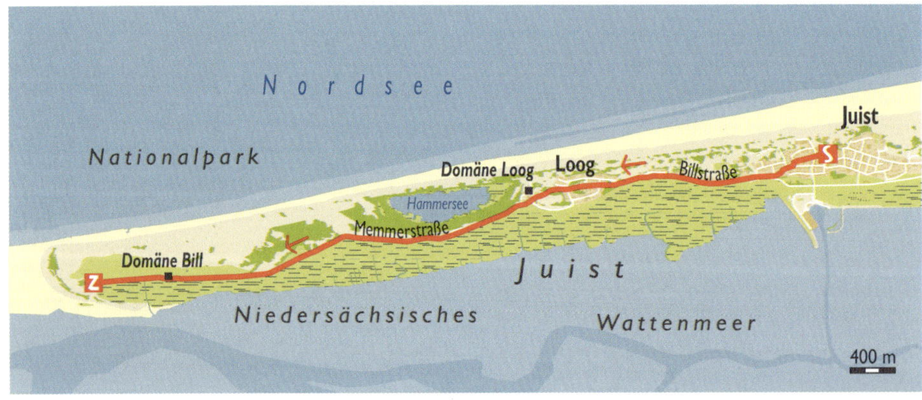

entlang und streift das kleine Wäldchen mit den wundersam knorrigen Bäumen auf der rechten Seite. Wer die Nase anstrengt, wittert Petrichor – den Duft von Regen auf der Erde.

Der Weg ist glitschig, in den Pfützen spiegelt sich der Himmel. Oftmals liegen Federn am Wegesrand, denn Gänse lieben diesen Ort. Das rote Backsteinhaus der Domäne Bill taucht im Blickfeld auf. Der Weg führt noch ein Stückchen daran vorbei, bis zum Fahrradparkplatz. Dort steht übrigens ein großer Drahtkorb für den Plastikmüll des Strandes. Die Idee hinter dem Korb ist gut: Wenn jeder nur drei Stücke Plastikmüll vom Strand mitnimmt, ist den Vögeln und dem Meer schon sehr geholfen. Also Ärmel hoch und los! Wasser glitscht jetzt überall, am besten Schuhe ausziehen und in den Rucksack damit, den besonderen Geruch des Strandes einatmen, wenn die Luft so regenschwer ist, und sehen, dass Grau eigentlich eine Mischung aus vielen feinen Nuancen ist.

FAZIT: ES MUSS NICHT IMMER SCHÖNES WETTER SEIN. REGENTOUREN HABEN IHREN GANZ EIGENEN CHARME, WENN MAN SICH EINMAL ÜBERWUNDEN HAT.

Hin & weg: Mit dem Rad, am besten immer der Billstraße folgen.

Beste Zeit: Frühling, weil es dann oft regnet.

Dauer & Strecke: Gut 8 km, reine Fahrzeit 30 Min. zur Bill.

Ausrüstung: Fahrrad, Regenjacke (am besten bis zur Mitte der Oberschenkel reichend), Regenhose, Rucksack mit Regenschutzhülle, Proviant.

IM BLÜTEN-MEER

Wenn im Frühling die Blüten erblühen und sich der Schlosspark Jever in ein Feuerwerk der Farben verwandelt, ist es die beste Zeit für einen meditativen Spaziergang durch den Park. Am besten in aller Ruhe und mit einer freien Nase, denn es lässt sich viel Duftendes erkunden.

#SchlossparkJever #nichtnurBier #Frühlingsblüte #richtigdufte

Die reizvollen rosa Blüten der Zierkirschen sind im Frühling absolute Hingucker, während im Schlosspark von Jever das Grün noch zögerlich sprießt.

Krächzen durchbricht das automobile Summen der Stadt. Es ist nicht dieses typische Krächzen einer einzigen Krähe. Am Schlosspark krächzt ein ganzes Krähenvolk. Die Vögel streiten sich hörbar, flattern auf oder suchen sich meckernd einen neuen Platz auf dem Baum. Wer sich dem Schlosspark von der Albanistraße her nähert, wird oftmals von den Rabenvögeln mit einem eindrucksvollen Konzert empfangen. Seit 20 Jahren versucht die Stadt, die Saatkrähen zu vergraulen, jetzt hat sie diese Bemühungen aufgegeben. Die Krähen gehören zu Jever wie das Schloss, in dessen Park sie brüten.

Nach dem krächzenden Empfang geht es über den Schlossplatz in den Park, der 1828 im Stil der englischen Landschaftsgärten errichtet wurde. Das Gebäude selbst ist wesentlich älter und stammt aus dem 15. Jahrhundert. Damals wurde es als Wasserburg errichtet, daran erinnern heute noch die Gräben um den Park. Und der Turm, dieser merkwürdig an-

---

Hin & weg: Jever ist an das Streckennetz der Deutschen Bahn angeschlossen. Der Bahnhof liegt etwas außerhalb, das Schloss ist am besten erreichbar über die Haltestelle Mühlenstraße/Grashausweg.

Beste Zeit: Im Frühling. Ab Mitte März überträgt eine Webcam Bilder aus dem Saatkrähennest – zu sehen sind sie nicht nur im Internet, sondern auch im linken Torhaus des Schlosses (www.schlossmuseum.de).

Dauer: Der Spaziergang durch den Schlosspark dauert mit anschließender Erkundung der Innenstadt gut eine Stunde.

Ausrüstung: Normales Schuhwerk und eventuell eine Sitzmatte, falls die Parkbänke noch zu kalt sind.

Etwas außerhalb des Zentrums von Jever befindet sich die Windmühle, die wunderschön von Obstbaumblüten umhüllt ist.

mutende Turm des Schlosses. Eigentlich wirkt er wie ein Bergfried, der sich die Kappe einer Kirche aufgestülpt hat. Und ein wenig ist es genau so, denn im 17. Jahrhundert wurde der alte Bergfried abgetragen und barockisiert. Das Ergebnis ist die zwiebelartige Haube.

Während das Schloss selbst mit einem historischen Museum lockt, zieht es Outdoorfans eher in den Park, vor allem im Frühjahr. Schon vor dem Schloss zeigt sich Jevers Blütenpracht in vollster Schönheit: Der Magnolienbaum breitet nicht nur seine tulpenförmigen Blüten aus, sondern verströmt auch ganz sanft ein süßliches Aroma. Gleich dahinter leuchtet die Japanische Kirsche in ihrem Pink, je nach Zeitpunkt fallen die kleinen Blütenblätter wie rosa Schnee von dem Baum. Jetzt heißt es einfach nur dem Weg durch den Park folgen und die verschiedenen Blumen beschnuppern: Narzissen etwa duften ganz anders als Tulpen oder Krokusse. Nicht erschrecken sollten sich Besucher dabei, wenn es zwischen den Blüten farbenfroh wippt. Mitunter läuft dort ein Pfau herum und zeigt beim Radschlagen seine schillernden Oberschwanzdeckfedern.

Wer anschließend noch etwas Zeit hat, sollte zum nahen Von-Thünen-Ufer gehen. In dem Graben befindet sich ein Wüppgalgen. Das ist ein Käfig, der an einer Kette festgemacht wurde. Im Mittelalter hat man dort Menschen zur Bestrafung eingeschlossen und ins Wasser getaucht – zum Teil bis zum Ertränken. Westlich davon befindet sich die Altstadt von Jever mit der sehenswerten Stadtkirche.

FAZIT: IM FRÜHJAHR IST DER SCHLOSSPARK EIN BLÜTENPARADIES.

FINNEN UND FLOSSEN

#4

Um Wale zu beobachten, muss man nicht nach Südafrika oder in die Karibik. Auch an der Nordsee zeigen sich die Meeressäuger. Im Frühling bietet sich ein einmaliges Naturschauspiel in Wilhelmshaven. Mit etwas Geduld lassen sich dort Schweinswale gut beobachten.

#Naturerlebnis #Südstrand #Flossenkino #Whalewatching

Der Jadebusen ist im Mittelalter durch Sturmfluten entstanden. Schon das Spiel der Wellen in seinem Becken ist ein Erlebnis.

War es eine Finne oder nur ein Wunschtraum? Wer allein an der Nordsee auf Whalewatching geht, kann nicht so sicher sagen, dass er einen Wal gesehen hat, denn die Erscheinung dauert oft nur einen Wimpernschlag lang. Kurz ragt ein flaches schwarzes Dreieck aus dem Wasser, dann ist es schon wieder in den Wellen verschwunden. Der Beobachter fragt sich, ob er nur eine Welle gesehen hat oder tatsächlich einen Wal. Auf jeden Fall ist es ein besonderer Moment, einen Schweinswal zu sehen. Schweinswale werden nur bis zu 1,80 Meter groß und ähneln vor allem für Laien den Delfinen. Doch Delfine haben eine viel schmalere, längere Finne und ein schmaleres Gesicht. Auch ist ihr Körper wesentlich schlanker als der eines Schweinswals.

Im Gegensatz zum Buckelwal, den man fast nicht übersehen kann, braucht man für die Schweinswalsichtung Ruhe und Zeit – und etwas Glück. Es ist fast eine meditative Beschäftigung, einfach am Deich zu stehen und nach Walen Ausschau zu halten. Einer der Hotspots der Walbeobachtung in Deutschland ist der Südstrand von Wilhelmshaven. Schweinswale, genauer und auch ein wenig unromantischer klingend gesagt, Gewöhnliche Schweinswale

Am Südstrand von Wilhelmshaven lassen sich mit viel Glück und zur richtigen Zeit Schweinswale beobachten. Also etwas Zeit nehmen und aufs Meer hinausschauen!

zieht es im Frühjahr bis an die Küstengebiete der Nordsee. Vor allem der Jadebusen ist eines ihrer liebsten Gebiete, dort jagen sie nach Heringen oder Sprotten. Gewöhnliche Schweinswale werden mit der Flut in den Jadebusen getrieben und tummeln sich dort in der Meeresbucht, tauchen nach Fischen und kommen zum Atmen an die Wasseroberfläche. Das ist der Augenblick, in dem sie auftauchen. In dem Moment stehen die Chancen gut, einen echten Wal, wenn auch den kleinsten der Art, an der Nordsee zu sichten.

Inzwischen vermarktet Wilhelmshaven dieses Naturschauspiel mit den Schweinswaltagen, dann verkündet ein Walrufer Sichtungen, und Kutter laden zu Touren ein (www.schweinswaltage.de). Doch so viel Aufwand muss gar nicht sein. Am besten setzt man sich einfach bei Hochwasser auf den Deich, richtet den Blick auf die Wasseroberfläche und lässt die Gedanken schweifen. Früher oder später wird sich schon eine Finne zeigen.

FAZIT: EIN NATURERLEBNIS, FÜR DAS MAN SICH ZEIT NEHMEN MUSS. WER EINMAL EINE FINNE ENTDECKT HAT, WIRD DIESEN MOMENT NIE WIEDER VERGESSEN.

Hin & weg: Vom Hauptbahnhof fährt die Buslinie 6 bis zur Kaiser-Wilhelm-Brücke, von dort sind es gut 10 Min. Fußweg bis zum Südstrand.

Beste Zeit: Ende März bis Anfang Mai, natürlich bei Flut. Am besten sichtbar sind die Tiere bei glatter See.

Dauer: Man sollte etwas mehr Zeit einplanen, wenn man die Tiere wirklich sehen möchte.

Ausrüstung: Sitzkissen, Fernglas, Proviant.

OHNE PASS

… von Rußland nach Amerika

Um nach Russland (bzw. Rußland) und Amerika zu kommen, muss man nicht ins Flugzeug steigen. Beide lassen sich in Friesland an einem Tag erreichen. Denn Rußland und Amerika sind Ortsteile von Friedeburg, ein abwechslungsreicher Weg verbindet sie.

#Friedeburg #Binnenland #Grenzübertritt #Wallhecken

Weite Landschaft mit Kuhweiden, Wallhecken und Alleen rahmt Rußland und Amerika ein.

→ ABSTECHER

Russland – das sind Zwiebeltürmchen und dichte Wälder, oder? Es kommt immer auf die Sichtweise an. Und den eigenen Standpunkt. Nirgends wird das deutlicher als bei diesen beiden Orten. In diesem Stück Rußland spricht man Deutsch, es wächst nur Gras oder Schilf, und Zwiebeln kommen in den Grünkohl anstatt auf die Türme. Denn dieses Rußland liegt in Friesland und ist ein Ortsteil von Friedeburg. Das wohl Kurioseste daran ist, dass es von dort nur gut zwei Kilometer bis nach Amerika sind. So etwas können sich nur die Friesen einfallen lassen. Möglicherweise ist die Gemeinde der einzige Ort der Welt, in der man ohne Pass und zu Fuß von Russland nach Amerika wandern kann, denn Amerika ist ebenfalls ein Ortsteil von Friedeburg.

Gestartet wird am Ortsschild von Rußland. Ein Minibushäuschen neben dem Schild, zu klein für einen normal gewachsenen Menschen, scheint neben dem Schild zu wachen und erinnert an ein Grenzhäuschen. Vielleicht passen Zwerge hinein oder höchstens Erstklässler. Von dort führt der Weg gen Norden – anstatt über den Großen Teich durch eine kleine Siedlung nach Amerika. Es ist wohl mehr der Witz, der diese Strecke so berühmt macht, als die Sehenswürdigkeiten. Doch warum haben die Friesen diese Orte so benannt?

In Friesland liegen Rußland und Amerika nah beieinander – sie sind Ortsteile der Gemeinde Friedeburg –, einzig die große Weite erinnert an die berühmten Namenschwestern.

Über Rußland gibt es mehrere Sagen. Eine berichtet, dass der Boden derart karg war, dass die Bewohner ihn mit Russland verglichen und die Gegend daher so benannt haben. Eine andere Version erzählt von einem stets verrußt aussehenden Köhler, der in dieser Gegend seiner Arbeit nachging. Also eher Rußland als Russland? Welche Version auch immer stimmen mag, es steht fest, dass die Menschen aus dem friesischen Rußland ihre Tradition sehr pflegen, sogar eine Wodkabrennerei gibt es in dem kleinen Ort.

Es liegt in der Natur dieser Namen, dass mit den Bewohnern des benachbarten Amerika Frotzeleien auf der Tagesordnung stehen. Woher dieser Ort seinen Namen bekam, ist übrigens ganz klar: Als im 19. Jahrhundert die große Auswanderungswelle in Ostfriesland gen USA startete, schafften es nicht alle dorthin. Einige Menschen blieben im moorigen Land – in ihrem Amerika.

Der kurze Fotostopp am grünen Ortsschild von Amerika muss sein, bevor der Weg weiter Richtung Norden führt. Wallhecken sind charakteristisch für diese Gegend. Entstanden

---

Hin & weg: Wer mit öffentlichen Verkehrsmitteln reist, geht am besten vom Friedeburger Rathaus aus zu Fuß nach Rußland (knapp 2 km/gut 25 Min.). Die Busse fahren eher selten.

Beste Zeit: Frühling oder Spätsommer.

Dauer & Strecke: Gute 8 km, man braucht etwa 1,5 Std. reine Gehzeit.

Ausrüstung: Gutes Schuhwerk, Proviant und genügend Wasser, da es unterwegs keine Einkehrmöglichkeiten gibt.

sind diese Erdwälle aus dem Aushub der Entwässerungsgräben. Da die Friesen zu arm waren, um das Holz für Zäune zu kaufen, haben sie einfach Büsche auf die Wälle gepflanzt. Heute bieten diese Hecken einen wertvollen Rückzugsraum für Tiere – und einen hübschen Blickfang beim Spaziergang, unter knorrigen Allen auf den Ems-Jade-Kanal zu.

Übrigens: Wer mag, kann hier auf das Kanu umsteigen und ein wenig auf dem Ems-Jade-Kanal schippern.

FAZIT: ABWECHSLUNGSREICHE WANDERUNG ZWISCHEN DEN ORTSTEILEN MIT ABSTECHER AN DEN KANAL. MÖGLICHKEIT ZUM ANSCHLIEẞENDEN PADDELN.

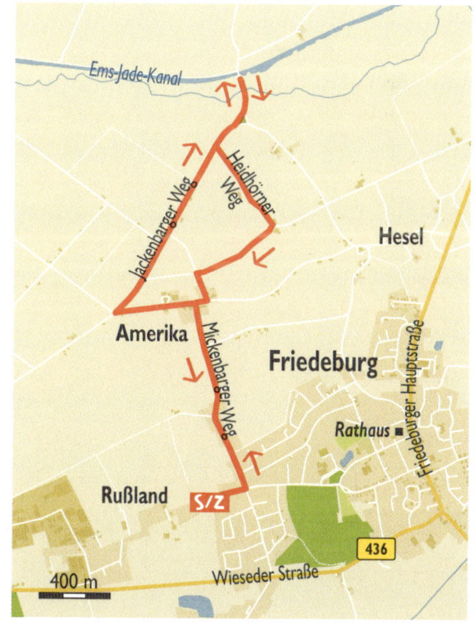

KANINCHEN IN SICHT

Fünfmal mehr Kaninchen als Einwohner soll sie haben: Die Ostfrieseninsel Norderney ist ein wahres Paradies für die Hasenartigen. Besonders schön ist es, sich zum Sonnenuntergang Zeit zu nehmen und die Kaninchen in den Dünen zu beobachten.

#Mümmelmann #süßePlage #GelingteinSchnappschuss?

Wenn die Sonne den weißen Sand der Dünen orange färbt, wird es wuselig auf den welligen Grasflächen: Aus den Löchern lugen glänzende Nasen und große Ohren hervor, prüfen die Umgebung, dann hoppeln die Kaninchen in gemütlichem Tempo über die Dünen. Sie sind so wenig scheu, dass sie mitten auf dem Weg stehen bleiben, selbst wenn man nur wenige Meter an ihnen vorbeispaziert. Also am besten auf eine Bank setzen und diese Kaninchenshow genießen.

Während es das Urlauberherz erfreut, dass die Tiere so niedlich vor sich hin mümmeln, machen die Kaninchen den Bewohnern von Norderney große Sorge. Ein menschengemachtes Problem tut sich auf, denn Kaninchen gab es bis zum Jahr 1620 nicht auf der Insel. Dann wurde es dem dort residierenden Landesherrn Cirksena wohl zu langweilig, und er ließ die Nager auf die Insel bringen, um sie jagen zu können. Leider hat er dabei nicht bedacht, dass die possierlichen Tiere keine Feinde auf dem Nordseeeiland haben. Das Heilklima tat möglicherweise sein Übriges, und so vermehrten sich die Tiere in ihrer so sprichwörtlichen Manier.

Mehr als 30 000 Tiere sollen es mittlerweile sein. Unermüdlich graben sie sich nicht nur unter Dünen und Deiche, sondern auch durch den Friedhof, was so mancher Bewohner als sehr pietätlos empfindet. Doch auch jenseits der Kaninchen gibt es in den Dünen viel zu entdecken. Vor allem die Thalassoplattform am Nordstrand, die sich erklimmen lässt und die Mühe mit einem herrlichen Ausblick belohnt, oder Amseln, die sich im Herbst die orangefarbenen Beeren der Sanddornbüsche schmecken lassen.

Kaninchen sind auf der Ostfriesischen Insel Norderney immer irgendwo in Sicht, ebenso wie der lange Sandstrand mit den Salzwasserpfützen.

Die Kaninchen bleiben stoisch, vielleicht wissen sie um ihre Überzahl: Tatsächlich gibt es mehr Kaninchen als Betten auf der zweitgrößten Ostfriesischen Insel. Sie hoppeln durch die Dünen, graben munter weiter Gänge und lassen sich gerne beobachten. Nur eines mögen sie nicht: Wenn man seine Kamera zückt und sie fotografieren möchte, dann verschwinden sie flugs wieder in ihrem Bau. Wer weiß, vielleicht gelingt ja doch ein Schnappschuss?

Hin & weg: Die Kaninchendünen erreicht man am besten zu Fuß oder per Rad. Die besten Kaninchenstellen sind die Dünen bei der Thalassoplattform oder der Friedhof.

Beste Zeit: Dämmerung, am besten an einem lauen Sommerabend.

Dauer: 1–2 Std.

Ausrüstung: Proviant.

FAZIT: EIN ENTSPANNENDER AUSKLANG DES TAGES. SICH EINFACH EINE BANK ZU SUCHEN UND DEN KANINCHEN ZUZUSCHAUEN.

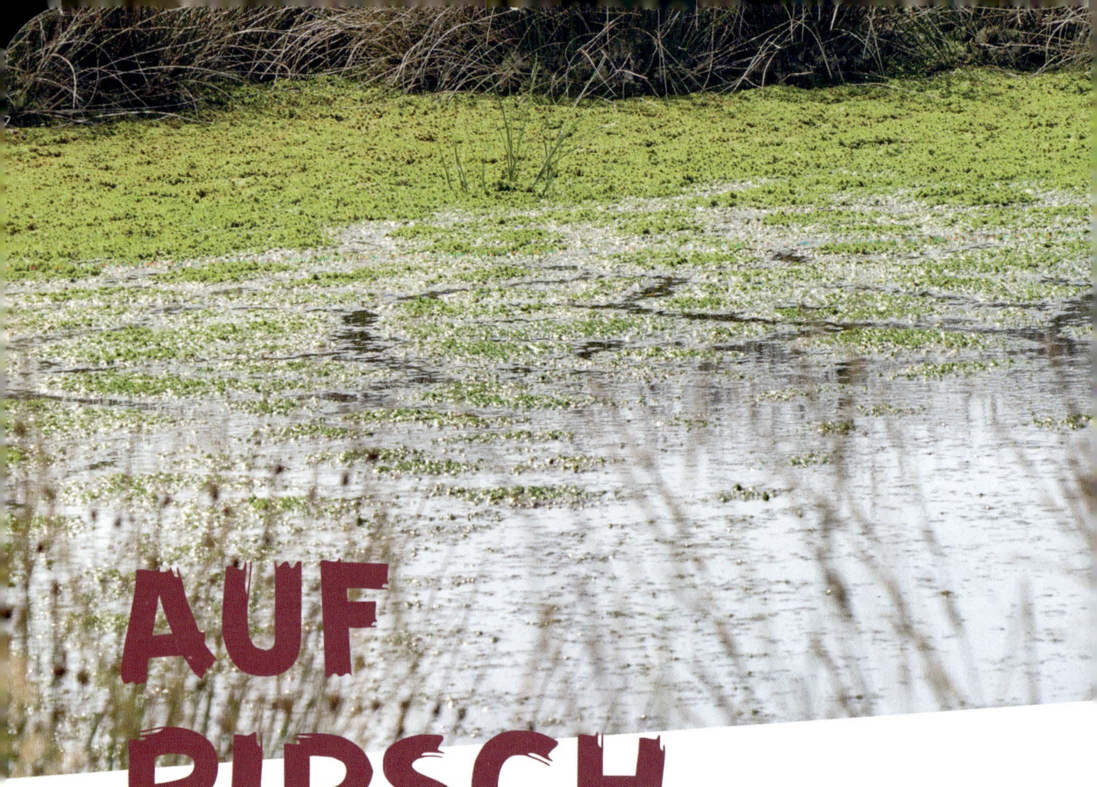

AUF PIRSCH

… am Ewigen Meer

#7

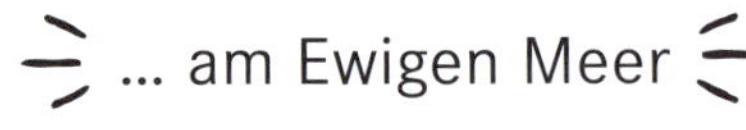

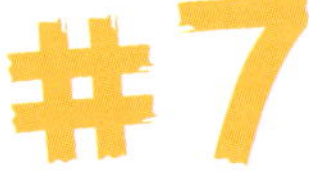

Schlangen gehören normalerweise nicht zu den Sympathieträgern unter den Tieren. Im Ewigen Meer ist das anders: Da ist es vor allem die Kreuzotter, die die Besucher fasziniert. An sonnigen Tagen bietet das Ewige Meer beste Möglichkeiten zum Snakewatching.

#Hochmoorsee #Eversmeer #Moor #Snakewatching

Die Moorlandschaft bietet viele kleine Tümpel, an denen sich Vögel oder Libellen laben.

Safaris müssen nicht immer nur mit Löwen und Zebras in Afrika stattfinden, sondern lassen sich auch in Ostfriesland verwirklichen. In diesem Fall geht es auf die Suche nach der Kreuzotter, die in Deutschland zu den seltenen und streng geschützten Tieren zählt. Normalerweise zeigt sie sich scheu und ist selten zu sehen, da sie empfindsam auf Erschütterungen des Bodens reagiert. Kreuzottern flüchten in der Regel schnell, wenn Menschen sich nähern. Am Ewigen Meer aber haben sie einen regelrechten Laufsteg. Eigentlich wurde der Bohlenweg für menschliche Besucher errichtet, damit sie – ohne den empfindsamen Moorboden zu betreten – durch das Moor bis zum Wasser spazieren können.

Der Weg zum Ewigen Meer führt unter Birkenalleen hindurch zum Bohlenweg. Dieser wurde aus Sicherheitsgründen Ende 2018 gesperrt und wird schrittweise erneuert.

Was die Planer nicht bedacht haben, ist, dass die trockenen Holzbohlen ein ideales Versteck für Kreuzottern bieten: Unter den Bohlen ist es herrlich schattig und trocken – perfekt für die Schlangen, um zu überwintern. Normalerweise verstecken sich die scheuen Reptilien, aber zur Paarungszeit im Mai kriechen sie auch schon mal auf die Holzbohlen und legen sich mitten auf den Weg, wo sie sich prima beobachten lassen. Angst vor Kreuzottern müssen die Besucher nicht haben, wenn sie feste Wanderschuhe an den Füßen tragen, ist die Gefahr schon ein Stückchen gebannt. Zum anderen verfügt die Kreuzotter zwar über starkes Gift, doch nur einen Bruchteil davon injiziert sie in ihr Opfer, oftmals beißt sie sogar ohne Giftdosis. Und das auch nur, wenn sie sich bedroht fühlt. Für eine ernsthafte Gefährdung durch Kreuzotterbisse bräuchte es für einen erwachsenen Menschen rund sieben Bisse auf einmal. Kinder und geschwächte Personen allerdings sollten vorsichtig sein. Deswegen gilt auf dem Bohlenweg: immer schön gucken, wo man hintritt, und auf keinen Fall die Tiere anfassen.

Am Ende des Weges wartet übrigens eine Überraschung: Braun, brakig und wenig einladend sieht das Wasser des Ewigen Meeres aus – und das ist es auch. Es ist ein echter Moorsee, genauer gesagt, der größte Hochmoorsee Deutschlands. Doch das Wasser ist leider zu sauer, als dass sich dort eine Vielfalt von Lebewesen wohlfühlen würde. Immerhin fast 90 Hektar ist dieser See groß. Während im Wasser kaum Lebewesen zu finden sind,

hat sich am Ufer des Ewigen Meers eine umso größere Artenvielfalt gebildet. Zilpzalp, Moorfrosch, Libellen – viele Arten, die längst auf der Roten Liste stehen, finden sich noch am Ufer des Sees – und eben Kreuzottern. Also am besten Bestimmungsbuch einpacken.

FAZIT: NICHT JEDE SCHLANGE IST SO GEFÄHRLICH, WIE ES SCHEINT. WER SICH DARAUF EINLÄSST, KANN SOGAR KREUZOTTERN FASZINIEREND FINDEN.

Hin & weg: Am besten erfolgt die Anreise per Auto oder Fahrrad. Der Bus ab Ochtersum fährt nur unregelmäßig.

Beste Zeit: Mai.

Dauer & Strecke: Etwa 1,5 Std., 2,5 km.

Ausrüstung: Festes Schuhwerk, Bestimmungsbuch.

KRIMI-CACHING

Rad fertig machen, Tasche packen und dann los. Heute geht es auf Schatzsuche ins Norderland. Zwischen Norddeich und Norden finden sich entlang dieser Tour ganz besondere Hörerlebnisse – ein exklusiver Ostfriesenkrimi möchte entdeckt werden.

#Ostfrieslandkrimi #Radtour #KlausPeterWolf #Hörbuch

Bevor die Spannung beginnt, geht es erst mal in die Touristeninformation in Norden-Norddeich. Für diese Tour braucht man ein Faltblatt, dort ist der genaue Verlauf der Krimistrecke eingezeichnet. So muss der Radfahrer sich nicht auf sein Handy verlassen, sondern findet auch ganz analog seinen Weg. Das Mobiltelefon kommt dennoch zum Einsatz, denn die einzelnen Kapitel des Krimis sind über QR-Codes an den Stationen verfügbar. Sobald man sie heruntergeladen hat, kann man sich die spannenden Kapitel anhören.

So lauscht der Radler dem ersten Kapitel des Kurzkrimis »Die Vorahnung«, während er gen Norddeich strampelt. Das Besondere an diesem Hörbuch ist, dass der Autor die Geschichte selbst eingelesen hat – Klaus-Peter Wolf gehört zu den Kultautoren in Ostfriesland. Seine Krimis, die in der Landschaft zwischen Kühen, Watt und Inseln spielen, sind beliebt mit ihren Geschichten um Mörder, Psychotiker und Opfer. Übrigens wohnt der Autor selbst auch in Norden, also ein wunderbarer Weg, sich dem Werk von Wolf zu nähern.

Ein Vater, der Strafverteidiger ist, ein Teenager in den besten Rebellenjahren und eine neue Sekretärin im Haus – Zusammensetzungen wie diese sorgen oftmals für Sprengstoff. Kombiniert mit dem zynischen Humor des Autors, ergibt sich ein Hörerlebnis, das nicht nur spannend ist, sondern auch teilweise mit seinem Sarkasmus zum Lachen bringt. Aus der Ich-Perspektive erzählt Teenager Lukas aus seinem Leben und von seinen Vorahnungen. Eine Geschichte, portionsweise in kleine Stückchen aufgeteilt, was die Spannung unterwegs noch ein wenig steigert. Mehr wird an dieser Stelle nicht verraten.

Eine Bank suchen, einem Kapitel des spannenden Hörbuchs lauschen und dann gemütlich weiterradeln, das ist Krimicaching in Norden.

Auch jenseits des Hörbuches hat die Radtour viel zu bieten. Sie führt aus Norden heraus gen Norddeich, weiter zur Straße Roter Pfahl und dann über den Marschweg in die Schulstraße. Von dort aus geht es weiter gen Frisia-Bad und schließlich über den Kolkpad zurück ins Zentrum von Norden, wo sich schließlich der Spannungsbogen der Geschichte auflöst. Endlich, denn mitunter war es ganz schön düster.

Hin & weg: Der Bahnhof Norden ist an das Zugnetz der Deutschen Bahn angeschlossen.

Beste Zeit: Jederzeit, besonders schön im Sommer. Die Touristeninformation in Norden-Norddeich (Dörper Weg 22) ist von Mo bis Fr geöffnet (www.norddeich.de > Service > Kontakt).

Dauer & Strecke: 18 km, reine Fahrzeit 1,5 Std.

Ausrüstung: Smartphone mit QR-Code-Scanner und GPS, Karte von der Touristeninformation, Kopfhörer.

FAZIT: EINE SPANNENDE RADTOUR IN DER HEIMAT DES BELIEBTEN KRIMIAUTORS KLAUS-PETER WOLF.

BARFUẞ WANDERN

… am Strand von Wangerooge

Schuhe aus und los – das ist die beste Idee, wenn man auf einer Ostfriesischen Insel ist, etwa auf Wangerooge. Während andere im Strandkorb schlafen oder Kinder Burgen bauen, bietet die Barfußwanderung entlang des Wellensaums Entspannung: nicht nur für die Füße.

#SandzwischendenZehen #Naturerlebnis #Salzfüße

→ ABSTECHER ...

Der Sand unter den Füßen knirscht beim Barfußwandern. Unterwegs finden sich oft Muschelgraffitis.

Wangerooges Hauptstrand ist schmal. Und manchmal sogar verschwunden. Die westlichste der Ostfriesischen Inseln ist wohl auch die dynamischste – um es freundlich auszudrücken. Anders gesagt: Wangerooge ist der Nordsee am meisten ausgesetzt. Das Meer modelliert die Insel wie ein Töpfer seinen Ton. Eine Sturmflut riss die Insel im Jahr 1855 in drei Teile und zerstörte das Inseldorf. Glücklicherweise gab es keine Toten zu beklagen.

Grund für diese Dynamik ist das Harlegatt, eine besonders starke Strömung zwischen Spiekeroog und Wangerooge. Es ist besonders bei Stürmen gefährlich und knabbert unerbittlich am Westende. Manchmal spült es sogar ganze Landstücke weg. So ist Wangerooge inzwischen zur kleinsten Ostfriesischen Insel (knapp fünf Quadratkilometer) geschrumpft.

Doch so ganz lässt Wangerooge sich den Sand nicht rauben. Wozu gibt es denn Mensch und Technik? Regelmäßig fahren in den Wintermonaten Bagger an der Küste hin und her, transportieren den Sand, den die Nordsee im Osten der Insel aufspült, zum Hauptstrand zu-

Die Wanderung beginnt am Café Pudding, dann geht es am Hauptstrand entlang immer Richtung Osten.

rück. Wangerooge wandert gen Osten, verliert im Westen Land, das als Sand im Osten wieder angespült wird. Das Baggern ist Sisyphusarbeit, doch was soll man machen, wenn man von Feriengästen lebt? Und die wollen eben den Strand nicht im Osten, sondern direkt vor der Nase, am Dorf, am besten direkt vor dem Treffpunkt Café Pudding.

Mit einer Portion Glück lässt sich die Silhouette von Helgoland am Horizont erblicken.

Wo Sand derart kostbar ist, heißt es ihn auch voll und ganz zu genießen. Am besten geht das bei einer Barfußwanderung am Strand entlang. Mit etwas Glück sind am Horizont nicht nur die Schiffe zu sehen, die sich wie im Stau auf der Autobahn aufreihen, abwartend, wann sie nach Wilhelmshaven einlaufen können. Bei guter Sicht lässt sich sogar die typisch aufragende Silhouette von Helgoland am Horizont ausmachen. Schon bald wird der Strand schmal, doch danach folgt schon die große Weite: Es sind gut 45 Minuten, bis das Ostende der Insel erreicht ist. Das klingt wenig, ist aber barfuß gewandert ganz schön anstrengend, denn die Muskeln und Sehnen sind diese Bewegungen gar nicht mehr gewöhnt. Schon so mancher hatte nach einer Barfußwanderung an den Folgetagen einen gehörigen Muskelkater in den Füßen. Das beste Rezept gegen den Schmerz? Einfach noch einmal barfuß wandern gehen.

FAZIT: DAS SANDKNIRSCHEN UNTER DEN FUßSOHLEN IST EIN GERÄUSCH, DAS MAN VIEL ZU SELTEN HÖRT.

Hin & weg: Nach Wangerooge fährt die Fähre von Harlesiel aus. Vom Hafen geht es weiter mit der Inselbahn.

Beste Zeit: Sommer.

Dauer & Strecke: Ca. 2 Std. hin und zurück, vom Hauptstrand bis zum Ostende sind es 3–4 km.

Ausrüstung: Proviant.

GIPFEL-GLÜCK

 … in die Dünen von Spiekeroog 

#10

Nicht nur in den Alpen kann man Gipfel erklimmen. Nein, das geht auch an der Nordsee. Ostfrieslands höchste Erhebung liegt auf der Insel Spiekeroog und verbreitet besonders am frühen Morgen einen fast alpinen Zauber.

#Gipfelstürmer #Wittdün #MorgenstundhatGoldimMund

Hier geht es hoch hinaus. Auf der Wittdün, Ostfrieslands höchster Erhebung, gibt es sogar ein Gipfelbuch.

Unwillkürlich denkt man an das Kinderbuch »Jim Knopf und Lukas der Lokomotivführer« von Michael Ende. Denn der höchste Berg in Ostfriesland ist ein echter Scheinriese. Je näher man ihm kommt, desto kleiner wird er. Zugegeben, so richtig hoch ist er wahrlich nicht mit seinen 24 Metern. Eine Höhe, über die jeder Bayer wahrscheinlich nur müde lächeln würde. Aber hier oben in der Küstenlandschaft, die für manchen wie mit einem Bügeleisen bearbeitet wirkt, ist dieser Gipfel eben schon herausragend. Ein Gipfel, der noch nicht einmal mit Fug und Recht »Berg« genannt werden darf, denn eigentlich handelt es sich um eine Düne. Wittdün, also weiße Düne, heißt Ostfrieslands höchste Erhebung.

Beim täglichen Gang an den Strand mag sie vielleicht gar nicht auffallen, einer der Hauptwege führt eben über diese höchste Erhebung direkt zur Nordsee. Doch es kommt immer auf die Tageszeit an. Manche Landschaften haben eben auch ihre gewissen Stunden, in der sie ihre volle Dramatik entfalten.

Spiekeroog, so scheint es, verwandelt sich mit dem ersten Morgennebel in eine mystische Landschaft. Dann wabert der Nebel um die Dünen, die ersten Sonnenstrahlen stechen durch die diesige Luft. Die Braundünen mit ihren Krähenbeerensträuchern wirken dann gar nicht mehr wie Dünen, sondern eher wie wirkliche Berge. Bei einer derart alpinen Kulisse hat auch die Wittdün die Auszeichnung »Berg« redlich verdient. Mitten in dieser Landschaft steht der Utkieker. Die Bronzestatue eines bohnenstangenschlanken Mannes, der aufs Meer schaut, ziert schon seit dem Jahr 2007 die Insel. Sie ist 3,50 Meter hoch und ein Blickfang in den Dünen. Zu ihren Füßen windet sich ein Weg die Anhöhe hinauf. Dort oben eröffnet sich nicht nur ein sensationeller Blick über Dünentäler und von der Morgensonne beschienene Zipfel, sondern es gibt ein echtes Gipfelbuch. Da sage noch einer, nur die Bayern können von der Dramatik des Bergsteigens erzählen.

Hin & weg: Nach Spiekeroog fährt die Fähre von Neuharlingersiel aus.

Beste Zeit: Frühmorgens im Spätsommer, der Lesepavillon öffnet um 9 Uhr.

Dauer & Strecke: 1–2 Std., ca. 3,5 km.

Ausrüstung: Tee, Frühstück und Buch. Kugelschreiber für das Gipfelbuch.

Die Morgenstimmung auf der Nordseeinsel Spiekeroog ist einmalig schön und beginnt oft schon bei der Anreise mit der Fähre. Die Abfahrtszeiten sind tideabhängig.

Wer sich in diesem Buch verewigt, sieht einige Dünen weiter einen Pavillon in der Weite stehen. Was von Weitem wie ein überdimensioniertes Bushaltehäuschen wirkt, entpuppt sich von Nahem als echter Schatz, denn es ist ein Lesepavillon. Frei zugänglich mit gemütlichen Holzmöbeln eingerichtet. Der perfekte Ort, um den Gipfelsturm mit einem Frühstück, einer dampfenden Tasse Tee und einem schönen Buch abzuschließen.

FAZIT: AUCH 24-METER-DÜNEN LASSEN EIN GIPFELSTÜRMERGEFÜHL AUFKOMMEN.

WATT'N DATE

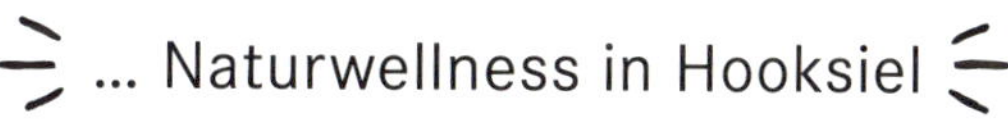

Wenn sich das Wasser zurückgezogen hat, beginnt die schönste Zeit im Watt. Nun wird der Boden zur Wellnesspackung für Gesicht und Körper. Eine Schlickmaske direkt vor Ort. Dann heißt es entspannen, Augen und Ohren auf und einfach nur lauschen.

#WellnessimWatt #Jadebusen #Friesland #Wattknistern

Direkt an das Watt grenzt die Wiese mit der Strandsauna an. Sie befindet sich in einem Bauwagen – was für eine originelle Idee!

Der Tidekalender prophezeit es auf die Minute: Der Stand der stärksten Ebbe, auch »Niedrigwasser« genannt, lässt sich in Apps oder auf Websites ablesen. Dieses Niedrigwasser bleibt heute der einzige Termin im Kalender, denn es geht nach Hooksiel. Am Naturstrand lässt sich das Watt mit allen Sinnen erfahren. Über die stillen Wiesen führt der Weg ans Watt, vorbei an der Strandsauna, einem kleinen Bauwagen mitten im Nichts der Nordseewiesen.

Schwarz und schlickig:
Diese besondere Schönheitsmaske gibt es nur an der Nordsee – und das ganz gratis.

Zwischen Skiterrassen und dem Jadebusen hat sich eine kleine Bauwagensauna angesiedelt, die ihren Gästen so richtig einheizt. Das ist gerade im Winter nach dem Wattspaß vielleicht eine gute Idee zum Aufwärmen. Doch zunächst geht es zum Watt.

In Hooksiel zeigt sich der Meeresboden, wie man ihn sich vorstellt: Wellenförmige Muster haben sich in den Grund gearbeitet. Vielleicht liegt es an dem Schlick, der sich hier abgelagert hat, weil er von der Jade mitgespült wird. Kleine Pfützen haben sich gebildet, Krebse und Krabben schwimmen dort, manchmal auch eine Muschel. Es lohnt sich, ganz genau hinzusehen und die Feinheiten zu beachten. Wer mit offenen Augen und Ohren durch das Watt spaziert und länger als nötig auf eine Stelle blickt, der entdeckt plötzlich Bewegung und Leben in dieser auf den ersten Blick so tot wirkenden Masse Schlick.

Das Watt steckt nicht nur für die Tiere voller Leben, es ist auch für Menschen sehr gesund. Natürlich nicht innerlich zum Essen, aber nicht umsonst bieten viele Nordseebäder Schlickpackungen an. Kalzium, Kalium, Phosphor und natürlich Jod enthält die Erde der Nordsee und eignet sich damit perfekt für Menschen mit Erkrankungen des Bewegungsapparats und der Haut. Also am besten matschen wie die Kinder, Rücken im Watt aalen, Gesicht mit Schönheitsmaske versehen oder wenigstens die Füße. Schlick fördert die Durchblutung, mildert Juckreiz und versorgt die Haut mit wichtigen Mineralien. Die Naturmaske zehn Minuten einwirken lassen und dann abspülen. Nur wo? Die Füße lassen sich in den Wattpfützen säubern. Wer es gründlicher möchte, der wandert zum nahen bewachten Strand, dort gibt es Duschen.

FAZIT: SCHLICK IST SOOO GESUND. NICHTS WIE AB INS WATT!

Hin & weg: Mit dem Auto nach Hooksiel, Parkplatz an der Bäderstraße. Mit dem Bus geht es bis zum ZOB in Hooksiel, von dort sind es 5,5 km per Rad oder zu Fuß.

Beste Zeit: Bei Niedrigwasser, am besten im Spätsommer.

Dauer: 1–2 Std.

Ausrüstung: Handtuch, Seife, Badeanzug, Getränke.

RAUF AUFS RAD

… auf dem Klimapfad Cäciliengroden

#12

Wer seine feine Wahrnehmung trainieren will, ist auf diesem Pfad genau richtig: Ganz langsam ändert sich die Vegetation mit jedem Meter, der ins Watt führt. Auf spielerische Art bringt der Klimapfad Cäciliengroden diese einmalige Landschaftsform seinen Besuchern näher.

#Klimaschutz #Salzwiesen #RadstattAuto #faszinierendeWattlandschaft

Der essbare Queller ist typisch für die Zwischenzone von Watt und Land.

Manche Gegenden überraschen. Vor allem solche, die man normalerweise gar nicht zu Gesicht bekommt, weil der Zugang gesperrt ist: Salzwiesen gehören zu den Landschaftsformen, die eher noch Geheimtippcharakter haben. Voralpenland – kennt man. Mittelgebirge sowieso, ebenso wie das Watt. Aber die Salzwiesen? Die Zwischenzone aus Watt und Festland bleibt unbekannt und ist nur aus der Ferne mal kurz zu sehen. So ganz einfach ist das mit den Salzwiesen nicht. Der Zugang ist zumeist nicht nur gesperrt, um Vögeln und Kleintieren größtmöglichen Schutz zu gewähren. Salzwiesen sind schlichtweg auch an vie-

len Stellen gefährlich. Das liegt am Grund, der plötzlich so schlickig sein kann, dass man tief einsackt und allein nicht mehr herauskommt. Der alte Albtraum vom Moor kann also in der Salzwiese zur Wirklichkeit werden, wenn man den Weg verlässt. Aber dagegen haben die Friesen vorgesorgt.

Doch zunächst heißt es hinkommen. Das geht am besten klimafreundlich per Rad. Für diesen Zweck hat die Gemeinde Sande den Klimapfad eingerichtet. Die 24 Kilometer lange Strecke führt vorbei an der St.-Magnus-Kirche und auch zum Bohlenweg nach Cäciliengroden. Nicht nur um Besucher zu motivieren, sollte man diese Anreise wählen. Man kann sich auf Tafeln am Rande des Pfads auch über die Folgen des Klimawandels, wie etwa den Anstieg des Meeresspiegels oder Wetterveränderungen, für das Wattenmeer informieren. Nach einigen Stationen landet der Besucher am Deich von Cäciliengroden.

Der Sandweg führt in die typische Wiesenlandschaft. Löwenzahn und Hahnenklee blühen zwischen den Gräsern. Schon bald erreicht der Besucher den Holzbohlenweg, ein Zeichen, dass der Boden nun empfindsam und sumpfig wird. Es lohnt sich, die Vegetation genauer anzuschauen, denn sie verändert sich Stück für Stück. Die Gräser werden seltener, robuster, hohe Kräuterbüschel lösen die Wiesenidylle ab. Strandflieder, Astern und Portulak zeigen sich als typische Pflanzen dieser Zone. Die Gewächse haben sich an den salzigen Untergrund angepasst.

Kunstwerke säumen den Klimapfad von Sande. Auffliegende Vogelschwärme erinnern so manchen an Konfetti in der Luft, die Flügelschläge erzeugen ein einzigartiges Flimmern.

Der Weg gen Watt endet in einem 100 Meter langen Holzsteg, der durch die Salzwiese führt. Dies ist die einzige Stelle zwischen Ems und Jade, an der Besucher auf eigene Faust in die Salzwiesen wandern und das Naturschauspiel gefahrlos erleben können.

FAZIT: LEHRREICHE RADREISE ZU EINEM AUßERGEWÖHNLICHEN ORT.

Hin & weg: Zum Bahnhof Sande, von dort geht es per Rad weiter.

Beste Zeit: September, Oktober und Frühjahr, dann sind die meisten Zugvögel zu sehen.

Dauer & Strecke: Ca. 2 Std., 24 km, beliebig abkürzbar. Wer wenig Zeit hat, fährt nur zum Holzbohlenweg nach Cäciliengroden.

Ausrüstung: Fahrrad, Rucksack, Proviant, Fernglas. Evtl. Regenjacke.

SCHMÖKERN AN DER LEDA

... Stadtbummel durch Leer

#13

Manchmal braucht man Menschen und Zivilisation statt Weite und Meeresbrise. Leer ist der perfekte Ort, um mal wieder etwas urbane Luft zu schnuppern und dennoch den Blick aufs Wasser zu richten. Ein Stadtbummel vereint Hafenflair und die gute Stimmung der kleinen Läden.

#Ostfriesenstadt #StadtstattDeich #altesPflaster #HausSamson

Ob in der Schmökerecke am Hafen oder am Haus Samson – Leer bietet viele Blickfänge.

Gleich hinter dem Bahnhof von Leer beginnt dieser Stadtspaziergang. Kurz die Georgstraße hinunterschlendern, und schon ist wieder Wasser anstatt Beton und Backstein in Sicht. Das ist das Geheimnis der Stadt Leer – irgendwo trifft man immer wieder auf schöne Plätze am Wasser. Vor der Touristeninformation folgt der Blick dem Strom der Leda bis zu dem kleinen Museumshafen. Eine breite Promenade weist den Weg, zahlreiche Urlauber sitzen dort wie in einem Amphitheater und genießen das Panorama.

Dieser Spaziergang führt am Ufer der Leda entlang zum Museumshafen, in dem alte Holzschiffe schaukeln. Es lohnt sich, nicht gleich zum Rathaus und zum Heimatmuseum abzubiegen, sondern noch ein Stück weiter am Ufer der Leda zu schlendern. Dort wartet eine lauschige Leseecke: ein Bücherschrank mit ausgelesenen Exemplaren, die einen neuen Besitzer suchen. Dort findet sicherlich jeder ein Buch für ein paar Minuten zum Schmökern oder für das Wochenende ... Der Platz zwischen den Regalen, die aus alten Bootsrümp-

Am Hafen von Leer starten auch Rundfahrten. Ob zu Fuß am Ufer oder auf dem Schiff, alles endet irgendwann bei einer Tasse Ostfriesentee.

fen gefertigt worden sind, ist perfekt, um in die Welt der Buchstaben einzutauchen.

Von dort sind es nur wenige Schritte bis zu einem Kunstwerk: Nicht nur Kopenhagen hat eine Meerjungfrau, sondern auch Leer. Der Künstler Karl Ludig Böke hat ihr sogar an jedem Bein eine Schwanzflosse zugedacht. Dann geht es zurück gen Rathaus, einem Backsteingebäude mit barockem Turm, das mit dem davorliegenden Gebäude Waage ein Beispiel für den niederländischen Einfluss auf den Baustil der Gegend bildet.

Mit der Rathausstraße beginnt nun die schönste Shoppingmeile der Stadt. An ihr reihen sich kleine Läden jenseits der großen Ketten aneinander. Man findet hier handgeschnitzte Figuren, Töpferwaren oder Wein. Letzterer wird im Haus Samson feilgeboten, einem Gebäude, dessen geschwungene Fassade einen Gruß

aus dem 16. Jahrhundert schickt. Im ersten und zweiten Obergeschoss befindet sich eines der schönsten privaten Heimatkundemuseen Ostfrieslands – die gute Teestube oder auch die Küche sind original erhalten und geben einen Einblick in das Leben vor 200 Jahren.

Kleine Gassen, wie beispielsweise der Wilhelminengang, laden zu Abstechern ein und die Auslagen der Geschäfte zum Bummeln. Die Rathausstraße mündet schon bald in die Kirchstraße. An der Ecke befindet sich mit Taraxacum eine der schönsten Buchhandlungen der Gegend, in der oft auch Krimilesungen veranstaltet werden (tatort-taraxacum.buchhandlung.de). Über die Brunnenstraße führt der Spaziergang direkt zum Bünting-Teemuseum, dem Endpunkt dieser Tour.

FAZIT: PFLASTERTRETEN, KOMBINIERT MIT LESEABENTEUERN, IM NICHT ÜBERLAUFENEN KLEINSTÄDTCHEN KANN RICHTIG IDYLLISCH SEIN.

Hin & weg: Der Stadtspaziergang lässt sich gut am Hauptbahnhof beginnen und auch beenden.

Beste Zeit: Am schönsten im Spätsommer oder Herbst, etwa zum Wochenmarkt mittwoch- und samstagvormittags. Ein schöner Einkehrtipp ist Jimmys Altstadt Café in der Rathausstraße 11, Tel. 0491 2888, weitere Infos gibt es unter www.facebook.com/jimmys.altstadt.cafe

Dauer & Strecke: Knapp 2 km, die reine Gehzeit beträgt etwa 30 Min.

Ausrüstung: Regenschirm und Turnschuhe.

OTTO LÄSST GRÜßEN

… vom Pilsumer Leuchtturm nach Greetsiel

#14

Der gelb-rot geringelte Leuchtturm von Pilsum ist das Wahrzeichen Ostfrieslands. Immerhin hat er schon in zwei Otto-Filmen mitgespielt und steht an sehr prominenter Stelle. Eine kleine, aber feine Wanderung führt zum Greetsieler Hafen.

#OttoWaalkes #kleinunddick #amLeyhörnerSieltief

Postkartenidylle in Ostfriesland bietet der Pilsumer Leuchtturm. Dort wurden auch Otto-Filme gedreht.

Er trägt Gelb-Rot quer gestreift. Schlank macht das nicht gerade. Dem Schönheitsideal für Leuchttürme entspricht er aber sowieso nicht. Anstatt sich rank und schlank in die Höhe zu strecken, zeigt er sich klein und dick.

Doch genau das ist sein Markenzeichen: Der Pilsumer Leuchtturm ist mit seiner gedrungenen Form und der außergewöhnlichen Bemalung zum Wahrzeichen Ostfrieslands avanciert. Das motiviert viele Besucher zu einem kurzen Fotostopp beim Leuchtturm, um dann weiter ins nahe, trubelige Greetsiel zu eilen. Doch bei diesem kurzen Fotostopp würden sie eine der schönsten Touren auf der Krummhörn verpassen.

Der Leuchtturm, der sich hinter den Deich zu ducken scheint, ist Ausgangspunkt für diese kleine Wanderung. Von dort reicht der Blick bis nach Eemshaven in den Niederlanden. Am Horizont zeichnen sich die Schlote der Industrieanlagen ab. Also besser in die andere Richtung schauen und nach Greetsiel wandern. Es geht auf den Deich, der mit seiner Gradlinigkeit die Richtung vorgibt. Der kombinierte Wander- und Radweg bringt nicht nur Wind

Es scheint nur so, als arbeite sich dieses Schiff durch das Gras, das Leyhörner Sieltief zieht sich wie ein blaues Band durch die Wiese.

mit sich, sondern mitunter auch witzige Schafbegegnungen. Die Tiere stehen gerne direkt auf dem Weg, schubbern sich an Pfählen oder Bänken, wenn sie das Fell juckt.

Der Blick reicht in die Weite, gleitet über Wiesen und ruht auf dem Himmel, der hier ein wenig weiter zu sein scheint als überall anders. Plötzlich tuckert ein Schiff mitten durch die Wiesen. Das Leyhörner Sieltief verbindet den Hafen Greetsiel mit der Nordsee und ist Wasserweg für Kutter und Ausflugsdampfer. Schon bald sind auf der linken Seite Seen in Sicht. Zunächst kleine, sie sind für die Vögel reserviert, später ein Badesee.

Der Weg macht einen Knick und wendet sich schnurstracks dem Greetsieler Hafen zu. Vielleicht ist ja gerade ein Krabbenkutter eingetrudelt. Gerne verkaufen die Fischer eine Tüte Krabben, und das auch noch sehr günstig. Nur pulen muss man jetzt selbst.

FAZIT: KLEIN, DICK UND QUER GESTREIFT IST BESONDERS SCHÖN, DIE TOUR NACH GREETSIEL SOWIESO.

Hin & weg: Der Urlauberbus Linie 417 fährt von Norden nach Greetsiel.

Beste Zeit: Spätsommer oder Herbst.

Dauer & Strecke: Gut 12 km, eine Strecke ca. 1 Std. reine Gehzeit.

Ausrüstung: Wander- oder Turnschuhe, Regenjacke, Kamera, Fernglas und Badesachen, wenn es warm genug ist.

Baden
auf eigene
Gefahr

KUNST-SPAZIER-GANG

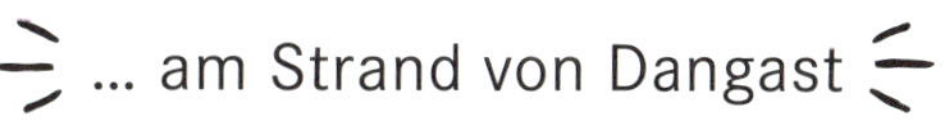

Auf den Spuren von Künstlern zu wandeln ist eine gute Idee. An der Nordsee lässt sich das am besten am Jadebusen machen, dort waren schon Erich Heckel, Max Pechstein und Franz Radziwill und haben Dangast verewigt.

#SexontheBeach #KurhausDangast #KunstliegtimAugedesBetrachters

Skulpturen am Rande des Eichenwalds und am Strand – das kann nur Dangast sein. Manch einer traut seinen Augen kaum, ein Phallus gehört tatsächlich zu den vielen Kunstwerken.

Das ist doch nicht etwa? Doch. Ein Riesenpenis. Aus Granit. Er steht – was auch sonst? – mitten im Sand. In Dangast sorgt dieses Kunstwerk schon lange nicht mehr für Aufregung, wohl aber für Verwunderung bei den Besuchern. Den Phallus hat der Oldenburger Bildhauer Eckart Grenzer 1984 als Grenzstein zwischen dem Land und dem Meer errichtet. Er wollte mit seiner Skulptur an die weibliche Kraft des Meeres erinnern, die sich am Strand kurz mit der männlichen Kraft des Landes vereinigt. Am Sandstrand gilt die Skulptur bisweilen als Stein des Anstoßes. Sie reiht sich damit konsequent ein in das Konzept, den Strand zur offenen Kunstgalerie zu machen.

Dangast war schon 1907 Treffpunkt der Künstler. Damals haben Karl Schmidt-Rottluff, Erich Heckel und Max Pechstein gerne am Jadebusen ihre Sommerurlaube verbracht und sich inspirieren lassen. Vor allem Erich Heckel hat Dangast in vielen seiner Bilder verewigt, etwa in Werken wie »Weißes Haus in Dangast« oder »Windmühle bei Dangast«. Später lockte der Ort Künstler wie Franz Radziwill, Anatol oder Joseph Beuys. Sie alle haben in Dangast gewirkt und sich inspirieren lassen.

Hin & weg: Nächster Bahnhof ist Varel, wochentags und samstags fährt der Bus 253/259, sonntags fährt kein Bus.

Beste Zeit: Im Herbst bei Ebbe, dann kommen die Kunstwerke am besten zur Geltung. Einkehrtipp: Im Dangaster Kurhaus treffen sich noch immer Künstler und Vertreter der alternativen Szene (www.kurhausdangast.de).

Dauer & Strecke: 1 Std., 500 m als Rundweg.

Ausrüstung: Badeanzug, feste Schuhe.

Wer die Kunst in Dangast entdecken will, der beginnt seinen Rundgang am besten am Kurhaus, es ist noch immer Treffpunkt der Künstler und kreatives Zentrum des Ortes. Von dort aus führt der Weg an den Strand mit ebender Phallusstatue. Am besten nimmt man den Pfad von der Kurhausklause direkt auf der Uferbefestigung entlang, dort finden sich moderne Skulpturen ebenso wie Hinweisschilder auf berühmte Panoramen, die beispielsweise Max Pechstein verewigt hat. Der kleine Kunstspaziergang endet am Dangaster Binnentief mit der Skulptur »Und Gott segne den 7. Tag« von Eckard Grenzer.

Nach dem Kunstgenuss heißt es jetzt: schnell ab zurück ins Kurhaus und dort den berühmten Rhabarberkuchen genießen. Den gibt es dort schon seit 1977.

FAZIT: KUNST KANN AUCH LEBENSFROH UND LUSTIG ANSTATT NUR MAHNEND.

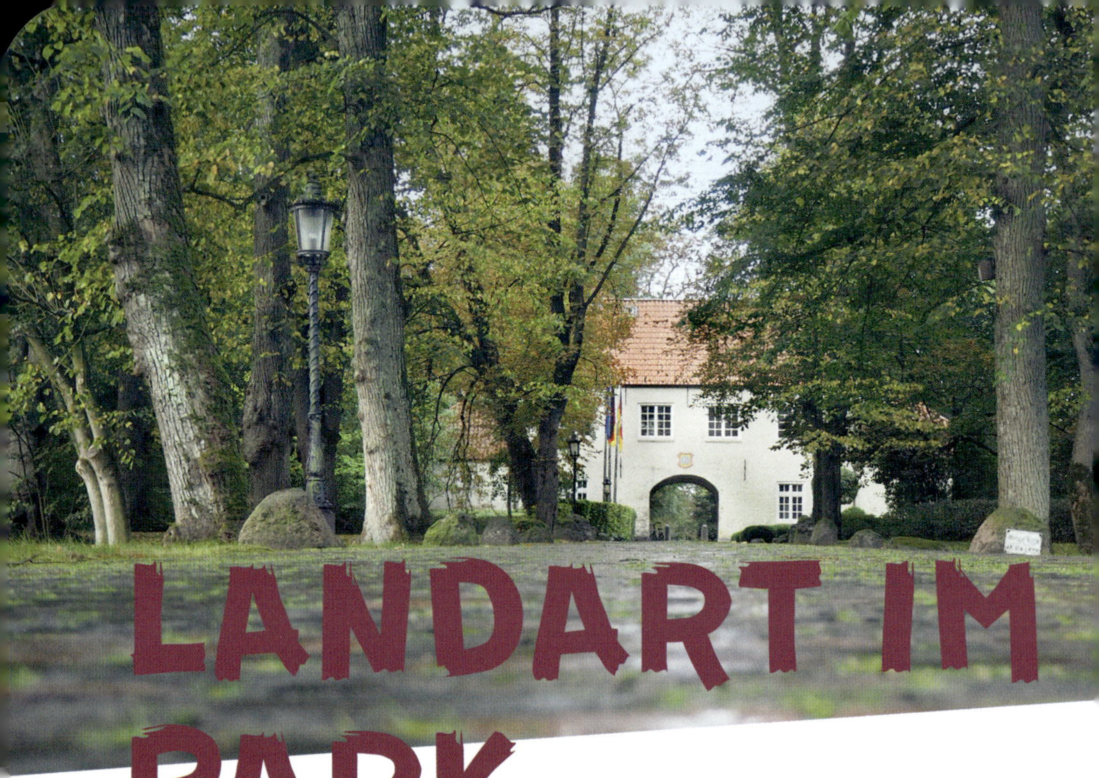

LANDART IM PARK

... Kastanienkunst in Kniphausen

#16

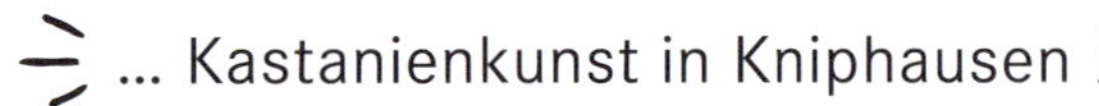

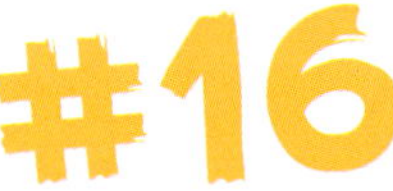

Sie glänzen wie poliert – Kastanien sind etwas ganz Besonderes und regen jedes Jahr erneut die Fantasie an, schöne Dinge mit ihnen zu erstellen. Es müssen ja nicht immer Kastanienmännchen sein. Wie wäre es mit Landart und einem Mandala?

#Kastanienzeit #Mandala #nichtsbleibtfürimmer #Naturkunstwerke

→ ABSTECHER …

Herbst ist Kastanienzeit – in Kniphausen gibt es die braunen Kugeln en masse.

Manchmal braucht man einen Grund oder eine Beschäftigung, um sich draußen in der Natur aufzuhalten. Man begibt sich zu schönen Plätzen und nimmt sich etwas mehr Zeit als der gewöhnliche Besucher, um unter den Bäumen herumzustehen, zu gucken oder zu schnuppern. Im Park der Burg Kniphausen regnet es in den Monaten September und Oktober Kastanien. Dann liegt der ganze Boden voll davon. Die stachelig verpackten, glänzenden Früchte eignen sich hervorragend für kreative Auszeiten. Landart nennt sich diese Kunstform, die aus vergänglichem Material herrliche Collagen in der Natur hinterlässt.

Wie wäre es, die Kastanien einmal zu sortieren? Für den Anfang bieten sich einfache Motive an, etwa eine Sonne. Oder verschiedene, immer größer werdende Ringe. Dabei kann man nicht nur die hübsch braunen Früchte verwanden. Die grünen Schalen ergeben einen wunderbaren Kontrast dazu. Und wer noch Herbstblätter sammelt, hat gleich noch ein drittes Gestaltungselement.

Burg Kniphausen eignet sich besonders gut für ein Mandala, da am Eingang des Parks die großen Kastanienbäume auf einer kleinen, gepflegten Wiese stehen und sich die Früchte gut ernten lassen. Das Gras ist niedrig, das Kunstwerk versinkt nicht. Doch nicht nur die Kastanienbäume lohnen den Blick, auch der restliche Park mit der Burg. Der Adelssitz in Fedderwarden bei Wilhelmshaven geht zurück auf das Jahr 1438. 1666 wurde er zur Festung ausgebaut und war lange Jahre Zentrum der Herrlichkeit Kniphausen, einer einstigen ostfriesischen Provinz.

Von der früheren Burg ist nach einem Brand im Jahr 1708 nur noch der Pferdestall übrig geblieben, ein langes Gebäude, das mit einem Turm verziert ist. Es bildet heute das Zentrum der Anlage. Doch viel schöner als das Anwesen selbst ist der umgebende Park mit seinen Gräben und Alleen. Manche Bäume stehen auf den typisch ostfriesischen Wällen, und sogar ein kleiner Ententeich lädt zur Vogelbeobachtung ein. Warum also nicht einen kleinen Rundweg an das Kreativsein anschließen und dann zum Abschluss noch mal beim Kunstwerk vorbeigehen, um zu schauen, ob sich etwas verändert hat?

Vergängliche Kunstwerke zu erschaffen ist gerade im Herbst eine tolle Idee. Einfach Kastanien & Co. zu einer Spirale legen. Auf den Wegen rund ums Schlösschen lässt sich genug Material sammeln.

FAZIT: EIN BUNTER HERBSTAUSFLUG, DER KREATIVE KRÄFTE FREISETZT.

Hin & weg: Vom ZOB in Wilhelmshaven fährt die Linie 121 fast bis vor die Tür.

Beste Zeit: Kastanienzeit – Ende September oder Anfang Oktober.

Dauer: Für ein Mandala braucht man mindestens eine Stunde Zeit.

Ausrüstung: Tasche oder Korb zum Sammeln der Kastanien.

KRUMM UND SCHIEF

... Wanderung nach Suurhusen

Der schiefste Turm der Welt steht in Ostfriesland – in Suurhusen. Wer ihn richtig erleben will, nähert sich ihm wandernd und von Weitem, um das ganze Ausmaß der Schieflage zu begreifen. Die Tour ist ein schöner Spaziergang entlang des Knockster Tiefs.

#schieferTurm #Weltrekord #Nünepad #BescheidenheitisteineZier

→ ABSTECHER

Kein Knick in der Linse, der Kirchturm von Suurhusen ist tatsächlich derart schief.

Ostfriesen mögen es bescheiden. Dick aufzutrumpfen ist nicht ihr Stil. Wenn es etwas gibt, was diese Eigenschaft wirklich untermauert, dann wohl der Turm von Suurhusen. Denn er ist der schiefste Turm der Welt. Mit dieser Eigenschaft stielt er sogar Pisa die Schau. Eigentlich. Während sich um den Turm in Pisa täglich Massen von Touristen drängeln und eines dieser berühmten Fotos schießen, auf dem sie ihn vermeintlich gerade rücken, bleibt der ostfriesische Kirchturm von Besuchern fast verschont. 10 000 Besucher pro Jahr lockt er, also übersichtliche 30 Menschen am Tag. Ein Superstar inkognito irgendwie. Am schrägsten

wirkt er aus der Ferne, deswegen ist es ein guter Grund, sich ihm von Weitem zu nähern. Zumal der Nünepad (übersetzt: Muschelpfad) direkt am Kirchturm vorbeiführt.

Die Nünepad-Tour startet in Hinte, genauer gesagt, an der Windmühle. Die Mühle liegt direkt am Knockster Tief, das sich in einem Bogen durch den Ort windet, entlang an kleinen

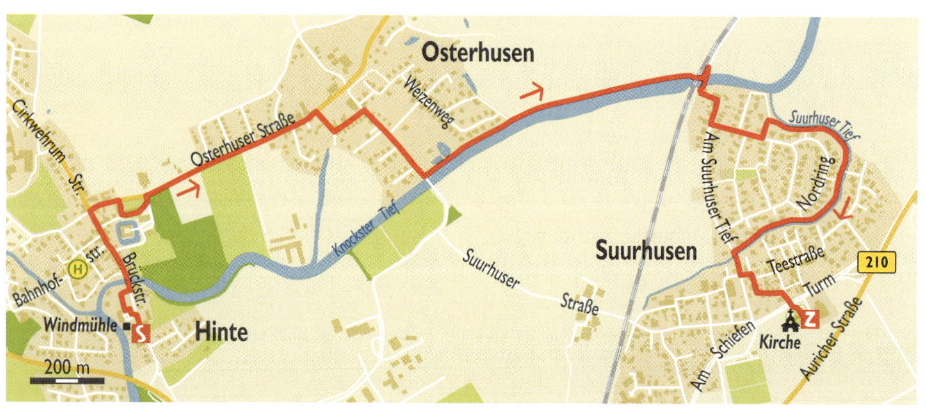

Der schiefe Turm ist nicht das Einzige, was sich auf der Wanderung von Hinte nach Suurhusen entdecken lässt, Mühlen und kleine Kanäle säumen den Weg.

Backsteinhäusern. Von dort aus führt der Weg durch den Ort in Richtung Osterhusen, wo er das Wasser erreicht. Am Wasser des Suurhuser Tiefs schlendert man so durch die platte Landschaft, bis sich bald eine Kirchturmspitze zeigt. Sie gehört zum Kirchturm von Suurhusen, ebendem schiefsten Turm der Welt.

Der Turm neigt sich um sage und schreibe fünf Grad und damit um ein Grad mehr als der von Pisa. Der Grund für die Schräglage des Turms versteckt sich im Boden: Dort wurden vor mehr als 560 Jahren starke Eichenbohlen als Stütze des Fundaments in den Boden gerammt. Leider hat der Zahn der Zeit sie weggeknabbert, und der Turm neigte sich. Fast hätte man ihn aufgegeben und die Kirche abgerissen. Doch die Suurhusener sammelten erfolgreich Spenden – und nun stützen Eisenpfähle den Bau. Wie schief er ist, zeigt sich übrigens, wenn man den Weg noch ein wenig verlängert und sich den Panoramablick durch die Felder gönnt.

FAZIT: DER SUPERSTAR INKOGNITO IST BEEINDRUCKEND. WER BRAUCHT DA SCHON DEN TURM VON PISA?

Hin & weg: Nach Hinte fährt der Weser-Ems-Bus, Linie 421.

Beste Zeit: Spätsommer oder Herbst.

Dauer & Strecke: 4 km, ca. 1 Std. reine Gehzeit.

Ausrüstung: Fotoapparat.

→ ABSTECHER …

FOTO-SAFARI

#18

An der Nordsee braucht man kein Kino, wenn man Deich, Watt oder Meer hat: Wenn die letzten Sonnenstrahlen auf die Erde treffen, suchen sich die Menschen die schönsten Plätze, um den Sonnenuntergang zu beobachten und für immer festzuhalten.

#eindrucksvolleFotos #Sonnenuntergang #Instagram

Die besten Fotos entstehen, wenn die Sonne hinter dem Horizont verschwunden ist und die meisten Besucher wieder auf dem Weg nach Hause sind.

September ist der Sonnenuntergangsmonat an der Nordsee. Dann hat die Sonne viel Kraft, die Tage sind nicht ganz so lang, und meistens ist das Wetter schön genug, um noch farbenfrohe Sonnenuntergänge zu zaubern. Doch den richtigen Fotospot an der Nordsee zu finden ist gar nicht so einfach. Was braucht man dafür? Am besten Ebbe zu Sonnenuntergang. Warum denn das? Sieht es nicht besser aus, wenn das Meer da ist? Eindeutig nein. Denn nur Ebbe bringt diese wundervollen Spiegelungen auf dem Meeresboden hervor. Dort, wo noch flache Pfützen Meerwasser glitzern, ist es fotografisch am schönsten. Aber Achtung: Nicht überall ist der Boden hart und trittfest, an vielen Stellen ist er weich und birgt die Gefahr, dass man tiefer einsinkt. Deswegen am besten immer einen Ortskundigen fragen, wo genau man ins Watt gehen und wie weit man sich hineinwagen darf.

Wattführer Joke Pouliart ist nicht nur Tischler und Vogelkundler, sondern auch Fotograf. »Man braucht immer einen guten Vordergrund für Sonnenuntergangsfotos«, sagt er und empfiehlt, sich nach Holzbohlen, Planken oder einem Boot umzusehen. Das findet man etwa am Strand von Harlesiel, direkt neben

dem Campingplatz. Dort wirft das Watt auch die schönen Spiegelungen, die aussehen, als wäre es eine riesige flache Pfütze.

Pouliart nimmt gerne Menschen mit zur Sonnenuntergangsfotosafari. Wer es sich zutraut, kann aber auch allein auf das perfekte Bild warten. Der Platz dort ist nicht unbekannt. Zu Sonnenuntergang pilgern Fotografen mit ihren Stativen oder Feriengäste mit ihren Handys an die Wattkante. Es lohnt sich, die Betonbefestigung als Logenplatz zu nehmen und einfach abzuwarten. Ab und zu mal einen Blick durch das Objektiv werfen und sich vom Naturschauspiel verzaubern zu lassen.

Übrigens ist der Sonnenuntergang die Stunde, zu der die meisten ihren Fotoplatz verlassen. Das ist etwas voreilig. Denn gerade die Nachtstimmung im Watt mit dem blinkenden Leuchtturm in Wangerooge ist nicht nur für die Fotokamera ein wunderschönes Motiv, sondern auch für die Erinnerungen.

FAZIT: GROẞES KINO ZUM NULLTARIF – NUR POPCORN MUSS MAN SELBST MITBRINGEN.

Hin & weg: Am besten per Auto zum Anleger/Campingplatz nach Harlesiel, Busse fahren so spät kaum noch.

Beste Zeit: Spätsommer.

Dauer: 2 Std., geführte Touren gibt es beim Wattwanderzentrum (www.wattwanderzentrum-ostfriesland.de).

Ausrüstung: Stativ, Kamera, ggf. Sitzunterlage, Proviant.

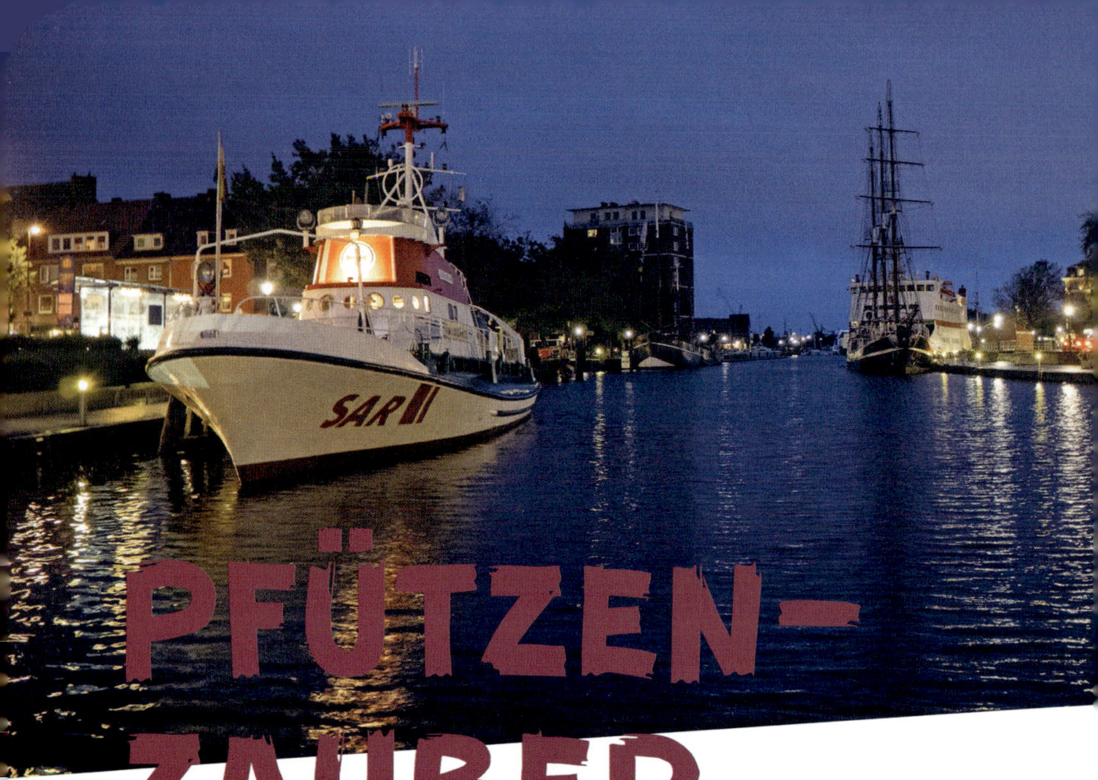

PFÜTZEN-ZAUBER

... Regenspaziergang durch den Hafen in Emden

#19

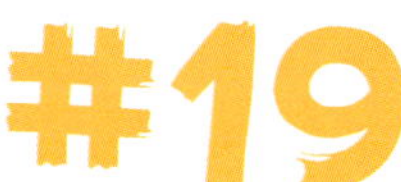

Nach Sonnenuntergang entsteht eine ganz besondere Stimmung am Himmel: Die blaue Stunde ist der perfekte Zeitpunkt, um einen schönen Stadtspaziergang an Emdens Hafen zu unternehmen. Am besten im Regen, denn dann spiegeln sich die Lichter in den Pfützen.

#blaueStunde #unterwegsamHafen #Fernweh

Die blaue Stunde ist der perfekte Zeitpunkt für einen Streifzug durch die Hafenmeile von Emden.

→ ABSTECHER ...

Häfen wohnt eine besondere Anziehungskraft inne. Ist es das Fernweh, das mit den Schiffen dort ankert? Dieses Wissen, dass man nur an Bord gehen müsste, um ein neues Stückchen Welt zu entdecken? Vielleicht. Im Binnenhafen von Emden liegen die Schiffe zumeist fest vertäut am Kai – und dennoch verbreitet sich dort eine Stimmung, die den Blick in die Weite gleiten und den Geist von schaukelnden Fahrten träumen lässt. Die beste Zeit dafür ist die blaue Stunde – die Zeit der Dämmerung zwischen Sonnenuntergang und Nacht.

Das Emder Hafentor, das Otto Huus und die niederländisch inspirierte Bauweise am Hafen sind Hingucker auf diesem abendlichen Spaziergang.

Wenn es in Emden so richtig pladdert – und das ist dort keine Seltenheit –, bietet sich die Chance, das vielleicht schönste Antlitz der Stadt kennenzulernen. Dann sind die Pflastersteine wie frisch lackiert, Ampeln, Autolichter und beleuchtete Fassaden spiegeln sich dort und breiten einen wahren Farbenzauber aus. Emden ist am schönsten im Regen zur blauen Stunde, in dieser Dämmerstunde, wenn sich der Himmel von Grau über Ultramarin bis hin zu Indigo verfärbt.

Wer sich Emden im Stadtplan anschaut, erkennt, dass ein sternförmiger Wall mit einem Wassergraben einen Teil der Altstadt umrahmt. Bis heute ist dem Stadtbild von Emden der niederländische Einfluss anzusehen, man denke nur an die Grachten und die niedrigen Holländerhäuser. Die Niederländer waren damals auch Meister im Bauen von Festungen. Am besten beginnt man seine Erkundungstour mit Blick auf den Wall und wandert zum Sonnenuntergang gen Delft, dem alten Emder Binnenhafen.

Nach einem Abstecher zur Kesselschleuse geht es weiter zum Emder Rathaus. Dort erinnert der lateinische Spruch »Concordia res parvae crescunt« – »Mit Eintracht wachsen kleine Dinge« an das 16. Jahrhundert, als Latein noch die Sprache der Gelehrten war. Von denen gab es einige in Emden. Damals gehörte Emden zu den größten Häfen und Städten Norddeutschlands. Der Grund hierfür lag in zugezogenen Flüchtlingen. Niederländer, die in den 1570er-Jahren vor dem Befreiungskrieg in ihrem Land geflohen waren, beflügelten Wirtschaft und Baustil. Doch nun weiter zur letzten Station der Tour! Nur einige Hundert Meter entfernt breitet sich am Delft ein einzigartiges Lichterschauspiel aus, aber eben nur bei Regen.

FAZIT: REGENABENDE SIND VIEL ZU SCHADE FÜR DEN FERNSEHER. DAHER SCHNELL AB NACH DRAUßEN!

Hin & weg: Emden ist an das Netz der Deutschen Bahn angeschlossen, vom Bahnhof sind es ca. 20 Min. Fußweg zum Hafen.

Beste Zeit: Ein verregneter Abend im Winter.

Dauer & Strecke: Ca. 1 Std., 2,5 km.

Ausrüstung: Friesennerz und Regenhose, ggf. Handschuhe, Mütze und Schal.

KLOSTER IM WALD

Südlich von Aurich findet sich ein geheimnisvoller Klosterwald mit Hexentanzplatz und einem alten Labyrinth. Das Kloster ist längst verfallen, lediglich ein Stahlgerüst erinnert an die einstige Pracht. Die weihevolle Stille ist dem Ort dennoch erhalten geblieben.

#KlosterIhlow #Stille #verwunschen #Hexentanzplatz

Mit etwas Glück entdeckt man auch im November noch goldene Blätter im Klosterwald.

Manchen Gärten hängt etwas Verwunschenes an. Vor allem, wenn man weiß, dass dort einst eines der bedeutsamsten Klöster Ostfrieslands gestanden hat. Die Schola Dei (Schule Gottes) galt als eines der wichtigsten mittelalterlichen Klöster im nordwestdeutschen Raum. In den Jahren 1228–1529 war die Zisterzienserabtei Keimzelle und Motor für wirtschaftliche, politische oder landwirtschaftliche Entwicklungen, bis sie mit der Reformation jäh ein Ende fand und zerstört wurde.

Die Reste der alten Klosteranlage ruhten unter den Wurzeln der Gräser und Buchen, bis große archäologische Grabungen in den 1970er-Jahren begannen, um den Standort der Klosterkirche zu ermitteln. Moderne Holz-Stahl-Konstruktionen sind dem einstigen Bau nachempfunden, erinnern an die Silhouette des einstigen Sakralbaus und ragen aus den Baumwipfeln heraus.

Während die meisten Menschen einfach nur zum Klostercafé, zu Backstube oder zur skeletthaft errichteten Kirche pilgern, lohnt es sich, sich ein wenig mehr Zeit zu nehmen und in den nahe gelegenen Ihlower Forst zu wandern. 350 Hektar Mischwald sind dort erhalten und erzählen die Geschichte eines an-

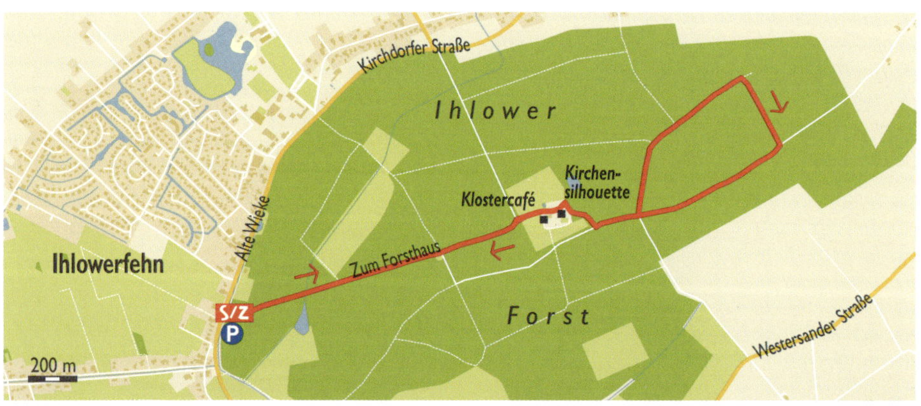

Die Natur rund um das Kloster Ihlow zeigt sich ziemlich wild. Verschiedene Touren führen durch den Wald, unter anderem die Lilientour (2 km), die Greifentour (3 km) und die Hirschtour (5 km).

gelegten Forstes mit alten Alleen, knorrigen Eichen und – ganz und gar unchristlich – sogar einem Hexentanzplatz. Der Ihlower Wald zählt immerhin zu den ältesten in Ostfriesland. Wer genau hinschaut, kann alte Wälle und Gräben erkennen. Dachse, Rehe und Fledermäuse bevölkern die Grünflächen ebenso wie der Waldkauz, den man manchmal rufen hört, und die Hirsche, die im Spätherbst zur Brunft röhren.

Der Rundweg durch den Ihlower Forst führt vorbei an einer ganz besonderen Eiche. Die Königseiche, auch »Oll Eek« genannt, soll mehr als 500 Jahre alt sein, ihr Stamm hat einen Umfang von rund 4,5 Metern. Beeindruckend ist auch die Lichtung namens »Hexentanzplatz«, eine Formation kreisförmig gewachsener Bäume. In die Borke geritzte Initialen und Herzen zeugen davon, dass es ein beliebter Treffpunkt für Liebespaare ist.

Hin & weg: Am besten per Auto, es gibt zwei große Parkplätze südöstlich von Ihlowerfehn.

Beste Zeit: Montags bis samstags im Winter. Sonntags, wenn im Kloster Backtag ist, pilgert halb Ostfriesland nach Ihlow. Das Klostercafé im alten Forsthaus ist ein idyllischer Einkehrort. Öffnungszeiten und weitere Infos unter www.kloster-ihlow.de

Dauer & Strecke: 2 Std., ca. 5 km.

Ausrüstung: Wanderschuhe, kleiner Snack, Trinkflasche und sonntags ein wenig Geld für das Klosterbrot.

FAZIT: PERFEKTER SONNTAGSAUSFLUG AN EINEM KLAREN WINTERTAG.

2. KAPITEL AUSFLÜGE

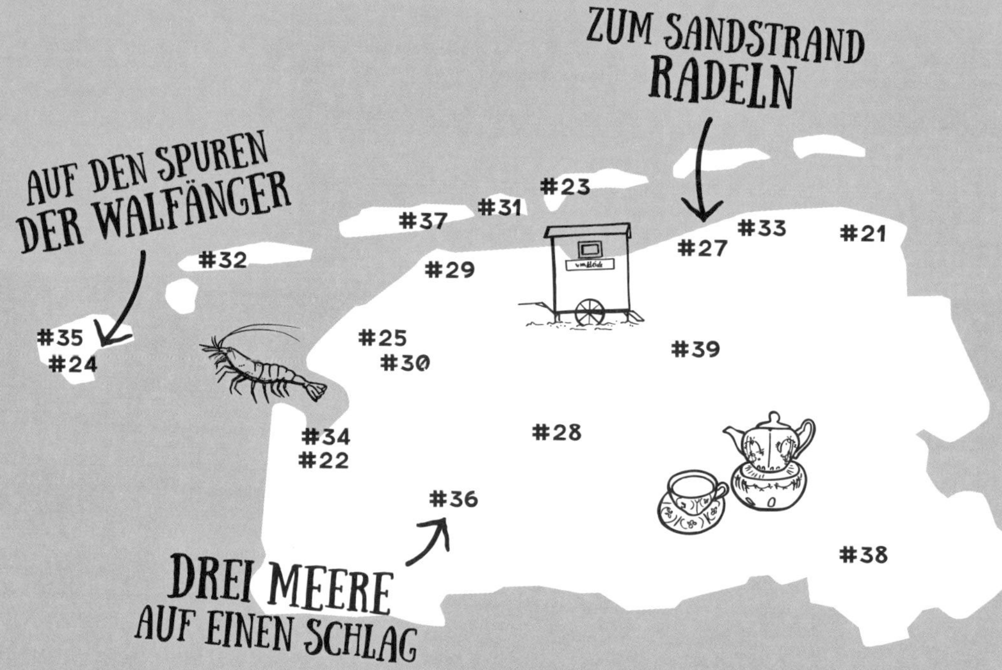

#26

Raus für einen Tag

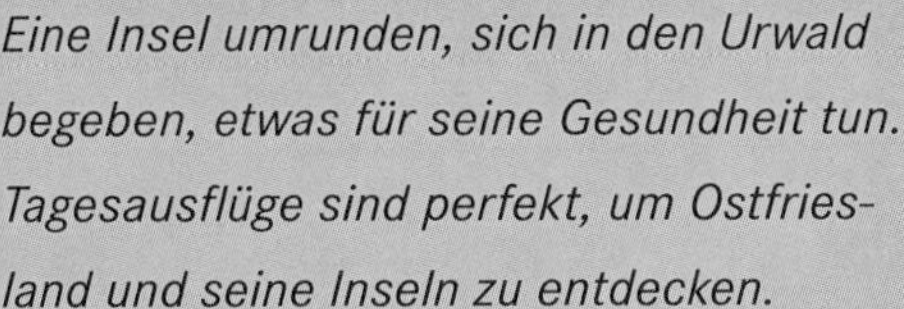

Eine Insel umrunden, sich in den Urwald begeben, etwas für seine Gesundheit tun. Tagesausflüge sind perfekt, um Ostfriesland und seine Inseln zu entdecken.

12H

PILGERN AUF PROBE

#21

Santiago de Compostela ist ganz schön weit weg. Wie gut, dass es auch im Wangerland Möglichkeiten gibt, die spirituelle Art des Wanderns einmal auszuprobieren, ohne gleich nach Spanien reisen zu müssen, etwa in Minsen.

#beten #Auszeit #gelberBlütenteppich #Nordseetour

Am Wegesrand dieser Pilgertour durchs Wangerland gibt es viel zu entdecken, unter anderem Schafe, Kühe – und in Minsen sogar eine Meerjungfrau.

Wenn die Glocken läuten, ist es beeindruckend. Vielleicht weil sie so nah am Ohr erklingen. An der Nordsee hängen die Kirchenglocken tiefer als anderswo. Aufragende Kirchtürme sucht man im Wangerland vergeblich, stattdessen findet man Glockenhäuschen. Dies sind kleine Nebengebäude, die kaum größer sind als das Gotteshaus, das sich mit seiner turmlosen Silhouette wie ein Wohnhaus in das flache Bild der Dorfhäuser einreiht.

Der weiche Marschgrund kann das schwere Gewicht eines Gebäudes mit Turm nicht tragen. Also dachten sich die Menschen im Wangerland, dass sie ihre Kirchtürme lieber neben das Gotteshaus bauen. In Minsen kam man schon 1250 auf diese Idee, aus dem Jahr stammt die Kirche. Sie ist Ausgangspunkt der kleinen Pilgertour. Eben noch den Pilgerpass im Kirchenbüro besorgen und abstempeln, und schon kann es losgehen.

Von der Kirche aus führt der Pilgerweg zu einer Sagengestalt. Nicht nur Kopenhagen kann kleine Seejungfrau, sondern auch Minsen. »Dat Minsener Seewief« ist eine Bronzeskulptur, sie erinnert an die Legende, nach der Fischer aus Minsen einst eine Meerjungfrau im Netz gefangen haben sollen.

Von dieser Skulptur aus hört man schon die Möwen kreischen, denn bis zur Nordsee ist es nun nicht mehr weit. Wer sich eine schöne Zeit ausgesucht hat, wandert mitten durch die Rapsfelder und das frische Grün des Frühlingsgetreides über Norderaltendeich bis nach Schillig. Der Ort an der Jademündung ist das einzige Stück Festland auf der Ostfriesischen

Der Frühling zählt zu den schönsten Jahreszeiten an der Nordsee. Dann färben die blühenden Rapsfelder die Landschaft goldgelb.

Halbinsel, das einen natürlichen Sandstrand vorweist. Bestens geeignet also, um die Straßen und das Wohngebiet zu verlassen und ein Stück am Wasser entlangzupilgern.

Hinter dem Campingplatz in Schillig zeigt sich gleich das nächste Gotteshaus. Es sieht eigentlich aus wie eine überdimensionale Bahn für Skater, deswegen haben die Einheimischen sie auch scherzhaft »Gottes Halfpipe« genannt. Dahinter verbirgt sich die katholische St.-Marien-Kirche aus dem Jahr 2012. Sie ist nicht nur von außen besonders, im Inneren wirft das Licht wellenhafte Muster auf die wogenförmigen Wände.

Von dort aus führt der Pilgerweg weiter nach Horumersiel und schließlich nach Hooksiel. Dort lockt mit der Kirche St. Ansgar noch einmal ein modernes Gotteshaus zur Einkehr, bevor der Pilgerweg sich St. Joost, dem Endpunkt des Pilgerns, nähert.

FAZIT: ZUR RAPSBLÜTE LOHNT ES SICH BESONDERS, EINE KLEINE AUSZEIT ZU NEHMEN UND ÜBER LAND AUF PILGERPFADEN ZU SPAZIEREN.

Hin & weg: Am besten mit dem Auto nach Minsen, die Busse fahren recht unregelmäßig.

Beste Zeit: Frühling.

Dauer & Strecke: Reine Gehzeit 6 Std., ca. 24 km.

Ausrüstung: Proviant, Pilgerpass.

AN DIE PADDEL, FERTIG, LOS!

#22

Die Krummhörn ist der ideale Ort zum Paddeln. Hier kann man sich einfach ins Boot setzen und die Halbinsel vom Wasser aus genießen. Es ist eine Reise in die Stille, die durch eine wunderschöne Landschaft führt.

#Kanu #vonGreetsielnachPilsum #immerschöndieBalancehalten

Die Zwillingsmühlen von Greetsiel sind das Wahrzeichen der Gegend. Wer genau hinschaut, entdeckt das Schöpfwerk und Galionsfiguren.

Schöner kann man eigentlich gar nicht ins Boot steigen: Die Greetsieler Zwillingsmühlen direkt im Blick, lädt das rote Kanu zum Wasserwandern ein. Es schaukelt ein wenig beim Einsteigen, doch das war es dann auch schon. Die Krummhörn kann man hervorragend vom Wasser aus erkunden. Da Ostfriesland von Kanälen durchzogen ist, ist Paddeln immer eine hervorragende Idee. Heute stehen gut sieben Kilometer auf dem Plan, dreieinhalb hin und dreieinhalb zurück. Machbar ist das in rund zwei Stunden. Aber man kann sich natürlich auch mehr Zeit lassen. Auf der Krummhörn ist es immer windig, und meistens kommen die Böen aus der falschen Richtung.

Vor allem der erste Teil der Strecke ist noch von Trubel gezeichnet, denn in den Greetsieler Kanälen schippern Tretboote und Grachtenfahrten neben dem Kanu. Es heißt ausweichen und vor allem die Wellen in die eigene Navigation einberechnen.

Schön breit ist das Neue Greetsieler Sieltief, es präsentiert Aussichten in versteckte Gärten und auf alte Ostfriesenhäuser, die man von der Straße aus nicht zu sehen bekäme. Unter der Brücke geht es hindurch, das Tief verengt sich und macht eine Linksbiegung in Richtung Pilsum. Wer Zeit und Muße hat, unternimmt zuvor noch einen kurzen Abstecher nach rechts, dort geht es zur Stadtmitte und zum Hafen von Greetsiel – allerdings sollte man wissen, dass diese Tour fast alle Hobbybootsfahrer wählen.

Ruhiger ist es auf der Linksabbiegerspur. Erst säumen noch Backsteinhäuser das Ufer, bald schon aber gleitet das Boot durch Wiesen und Felder. An der Brücke hinter dem Ortsausgang

in Greetsiel heißt es wieder sich links halten und dann auf dem breiten Gewässer bleiben. Am Bootsanleger von Pilsum findet sich eine schöne Ausstiegsstelle, um mal wieder Boden unter den Füßen zu spüren oder vielleicht ein kleines Picknick einzunehmen, bevor es zurück geht nach Greetsiel. Ein kleiner Spaziergang durch das Dorf mit seinen engen Gassen und den niedrigen Häusern lohnt unbedingt. Auch ein Ausflug zum Pilsumer Leuchtturm ist möglich (ca. 4 km).

Hin & weg: Nach Greetsiel fährt der Urlauberbus, etwa von Emden aus.

Beste Zeit: Frühling.

Dauer & Strecke: Reine Paddelzeit gute 2 Std., etwa 7 km.

Ausrüstung: Wasserwanderkarte der Touristeninformation Greetsiel (www.greetsiel.de).

FAZIT: PLÄTSCHERNDE STILLE UND UNGEWÖHNLICHE AUSBLICKE SIND GARANTIERT. MANCHMAL AUCH NASSE HOSENBEINE.

DER WILDE WESTEN

… Wanderung zum Flinthörn

Wie eine sandige Sichel schmiegt sich das Flinthörn an die Insel Langeoog. Die Sandbank gehört den Vögeln und den wenigen Besuchern, die sich an warmen Novembertagen dorthin wagen. Dann ist Langeoogs wilder Westen fast völlig einsam. Also auf zum Flinthörn!

#Langeoog #winterwandern #Vogelschutz #einsam

Bei diesem feinen Sand geht es am besten barfuß weiter.

Nicht nur Hollywood kann Wilder Westen, auch die Ostfriesischen Inseln. Und manche der Geschichten in Ostfriesland sind wirklich hollywoodreif. Wo sonst kann man auf den Trümmern von zerstörten Dörfern laufen? Wer jetzt aber eine geschundene Landschaft erwartet, wird enttäuscht. Die Katastrophe passierte vor fast 200 Jahren. Im Jahr 1825 tobte eine Sturmflut über den Ostfriesischen Inseln und zerstörte auf Baltrum das Inseldorf. Trümmer drifteten bis auf die Nachbarinsel, wo sie hängen blieben und seitdem als ungeplante Buhnen Sand auffangen und Land gewinnen. Was zunächst als sichelförmige Sandbank begonnen hatte, ist inzwischen eingebettet in ein Salzwiesengebiet.

Fernrohre zur Vogelbeobachtung, Sandstrand und Dünen – das Flinthörn zeigt sich abwechslungsreich.

Die Wanderung zum Flinthörn beginnt schon im Dorf Langeoog. Dort führt sie am Wald mit seinen knorrigen Bäumen entlang bis zum Meer. Es lohnt sich, nicht schnurstracks zum Deich zu gehen, sondern einen kleinen Abstecher in den Wald zu unternehmen. Nach dem Waldspaziergang locken Pferdewiesen und schließlich der 7,4 Meter hohe Deich, der die Insel im Westen fast wie ein Berg umschließt. Hinter dem Deich breitet sich das Land der Vögel und Insekten aus.

Ein sandiger Pfad schlängelt sich am Dünensaum entlang. Wenn die Temperaturen noch nicht allzu frisch sind, heißt es jetzt Schuhe ausziehen und barfuß den Naturpfad entlanglaufen, das ist manchmal schon ab März und bis Mitte November möglich, da der Sand meistens schön warm ist.

Die größte Chance auf Vogelsichtungen hat man, wenn man sich langsam bewegt und häufig stehen bleibt. Nach eineinhalb Kilometern ist die Naturbeobachtungshütte erreicht. Wer schlau war, hat sich einen warmen Tee und etwas Proviant eingepackt. In Ruhe genießt man die kleine Stärkung, dann geht es weiter gen Meer. Der Sand ist fein wie Puderzucker, die Dünen wie frisch frisiert, der Strandhafer hat Kreise in den Sand gemalt wie in einem japanischen Zengarten.

Nun geht es immer am Strand entlang gen Langeoogs Hauptstrand. Mit etwas Glück war der Meeresgott gnädig und hat Bernstein an den Strand gespült. Besonders wahrscheinlich ist dies bei windigem oder stürmischem Wetter. Aber auch ohne Fundglück ist der breite Strand einfach nur ein Genuss.

Der Name Flinthörn leitet sich von den beiden Begriffen »Flint« (Feuerstein) und »Hörn« (Fluthaken) ab.

FAZIT: EIN TRAUM AUS SAND, DÜNEN UND MINDESTENS MÖWEN AM HIMMEL. JA, SO MACHEN WANDERUNGEN SPAß!

Hin & weg: Nach Langeoog fährt die Fähre von Bensersiel aus.

Beste Zeit: Im Frühling.

Dauer & Strecke: Reine Gehzeit etwa 2 Std., was bei dem vielen Stehenbleiben und Gucken aber nie eingehalten wird, ca. 6 km.

Ausrüstung: Thermoskanne mit Lieblingstee, Proviant, Handtuch zum Füße abtrocknen.

PITSCH, PATSCH

… Wale und Robben auf Borkum

#24

Regen auf Borkum? Jacke an und trotzdem raus. Am besten zunächst in die Stadt und später an die Sandbank. Dort ist es immer schön. Die große Belohnung kommt zum Schluss, denn die Promenade ist zur blauen Stunde gleich doppelt ansehnlich, wenn sich die Lichter in den Pfützen spiegeln.

#westlichsteOstfriesischeInsel #blaueStunde #Wale #Seehunde

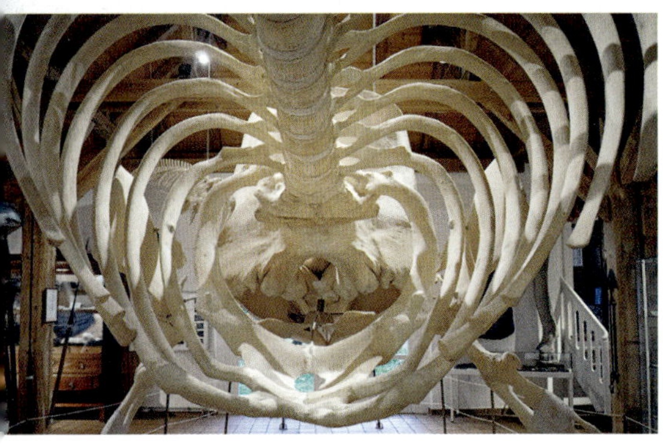

Das Museum von Borkum lohnt auf jeden Fall einen Besuch, es informiert über die Walfängergeschichte.

Wer einmal auf den Ostfriesischen Inseln zu Gast war, kennt das Problem: Sand ist überall. Wohl schon vor 300 Jahren hat dieser Sand die Insulaner gestört, vor allem aus Haus und Garten wollten sie den Flugsand des Strandes verbannen. Holz und Wald waren knapp auf der Insel, woraus also Zäune bauen? Um sich vor dem Sand zu schützen und vielleicht auch um die Trophäen ihrer Arbeit darzustellen, haben einige Borkumer Zäune aus Walknochen errichtet. Sie dokumentieren einen wichtigen Teil der Borkumer Geschichte, denn die Insel hat nicht immer vom Tourismus gelebt.

Im 18. Jahrhundert war es der Walfang, der die Menschen ernährt hat. Die Borkumer waren für ihre Navigationskünste auf See sehr bekannt und fuhren auf niederländischen Schiffen bis nach Grönland, um Wale zu jagen, deren Fett man damals als Lampen- und Motorenöl einsetzte. Nicht nur der Walspeck, auch die Knochen enthielten Öl. Waren sie allerdings ausgelassen, wurden die Knochen als wertlos empfunden. Findige Borkumer kamen auf die Idee, sie mit nach Hause zu nehmen und damit Zäune zu bauen.

Und so stehen sie bis heute in der Wilhelm-Bakker-Straße auf Borkum, diese Zäune aus riesigen Knochen, die fein säuberlich zu Reihen in die Erde gesteckt worden sind. Gleich gegenüber dem Zaun befindet sich der Friedhof der Walfänger unterhalb des Alten Leuchtturms. Die Grabmale erinnern ein wenig an Piratenflaggen mit den reliefartigen Totenköpfen.

Mit diesen Walfängergeschichten im Kopf führt die Strecke nun gen Strand. Dort warten zwar keine Wale, aber andere Meeressäuger: Seehunde und Robben aalen sich dort jeden Abend in der Sonne, recken und strecken sich gemütlich, während sie ihren Verdauungsschlaf genießen. Doch hier kann man mehr erleben, als schnell zur Strandpromenade zu eilen, um die Seehunde zu genießen.

Viel schöner ist es, in den Abendstunden noch ein wenig durch das Dorf zu schlendern und später zur riesigen Sandbank zu wandern, die sich immer genau dann zu verlängern scheint, wenn man glaubt, man hätte ihr Ende bald erreicht. Doch Achtung: Man darf nicht in den abgesperrten Bereich gehen, dieser ist für die Seehunde reserviert. So ist das eben auf Borkum: Man denkt, man ist nur eben mal eine halbe Stunde unterwegs, und schnell werden

Der Musikpavillon zeigt sich im Abendlicht besonders fotogen. Von April bis Oktober finden hier von Dienstag bis Sonntag dreimal täglich Konzerte statt.

daraus vier oder fünf Stunden. Und wenn die Augen lange genug in die Weite geblickt haben, dann ist Zeit für die Strandpromenade. Am besten zur blauen Stunde.

FAZIT: REGEN IST AN DER NORDSEE KEIN HINDERUNGSGRUND, SONDERN BRINGT ALLES ZUM GLÄNZEN.

Hin & weg: Die Anreise nach Borkum erfolgt mit der Fähre ab Emden und weiter mit der Inselbahn in die Stadt. Von dort geht es zu Fuß weiter.

Beste Zeit: Im Frühling. Immer während Niedrigwasser sonnen sich die Seehunde auf der Sandbank.

Dauer & Strecke: Gut 4 Std., knapp 8 km.

Ausrüstung: Regenjacke und -hose, feste Schuhe, Proviant, Fernglas.

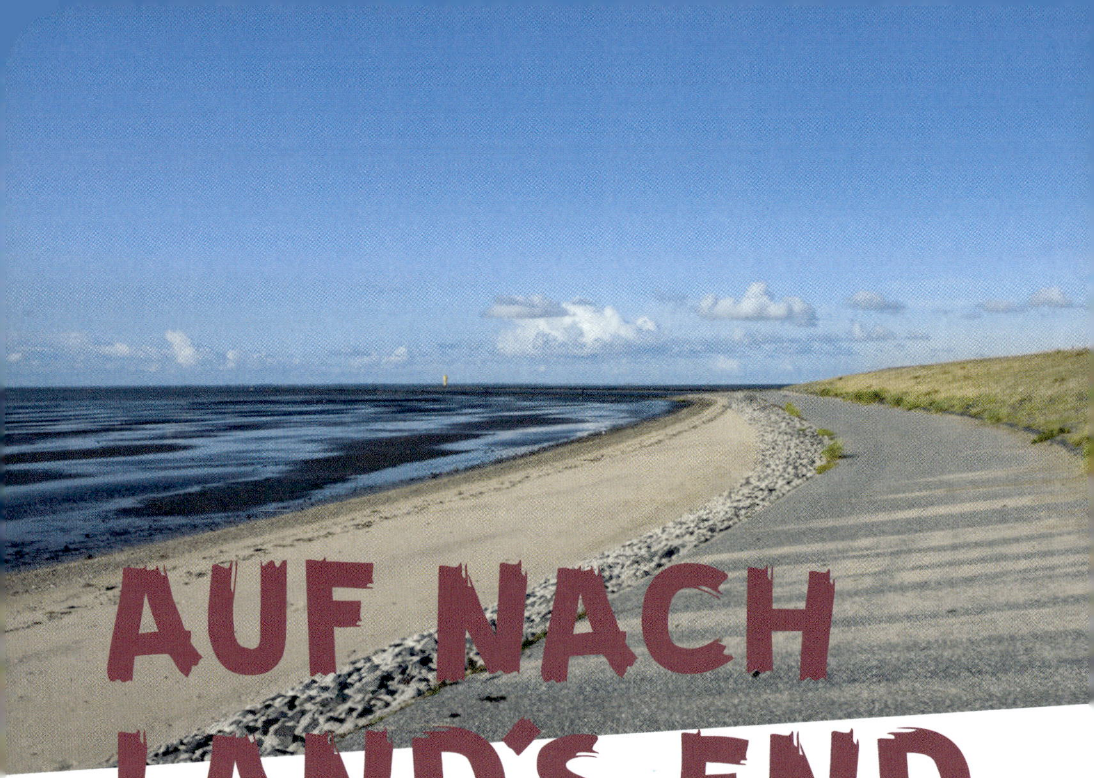

AUF NACH LAND'S END

… Genussradeln zum Leyhörn

#25

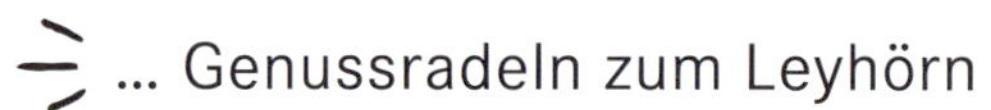

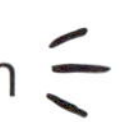

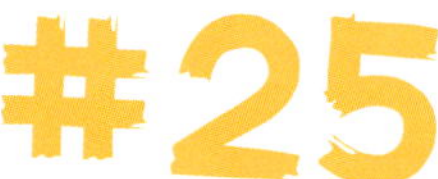

Wie ein Finger ragt das Leyhörn in die Nordsee. Eine Landzunge, die die dahinterliegende Bucht schützt. Das Naturschutzgebiet erinnert ein wenig an Land's End in England – und ist doch ganz anders.

Das ist typisch Ostfriesland: grasende Kühe, hier im Naturschutzgebiet Leyhörn.

Manchmal muss man einfach dem Klang schöner Namen folgen. »Leybucht« etwa ist so ein Name, der nicht nur wunderbar klingt. Die zweitgrößte Bucht der ostfriesischen Halbinsel eignet sich perfekt für eine Radumrundung.

Los geht es in Nordens Innenstadt. Durch die Ortsteile Westermarsch und Utlandshörn geht es über Felder, kleine Gräben und an vielen Schafen vorbei gen Greetsiel. Am Norder Tief gibt es Wasser zu beiden Seiten, der Störtebekerkanal zieht sich durch die Landschaft bis zum Greetsieler Hafen und bietet gute Orientierung beim Fahren. Dem Kanal zu folgen ist besser, als sich auf Googles Anweisungen zu verlassen. Bis zum Internet hat es sich wohl noch nicht rumgesprochen, dass man das schöne Leyhörn nur von Osten aus erkunden kann. Die Westseite ist den Tieren vorbehalten und steht unter strengem Schutz.

Der Radweg kreuzt über eine typische Fehnbrücke den Kanal. Von Weitem ist der Greetsieler Hafen zu erkennen, den die Tour als Nächstes ansteuert. Es ist schwer, sich dem Zauber des Hafens zu entziehen. Also Rad schieben oder gleich ganz anschließen, den Fischern zuschauen und, wenn gerade ein Kutter angelan-

Die größte Kutterflotte Ostfrieslands – insgesamt 25 Krabbenkutter – ist im Greetsieler Hafen zu Hause.

det ist, am besten eine Tüte Krabben kaufen und als Proviant in den Fahrradkorb packen.

Wie wäre es etwa mit einer kleinen Erfrischung im Greetsieler Badesee, bevor es weitergeht? Ein kleiner Sandstrand lockt dort zur Abkühlung. Es tut so gut, einfach mal die Füße in den Sand zu stecken, sich noch ein wenig zu sonnen, bevor es wieder aufs Fahrrad geht. Immer den Deich entlang heißt es nun. Navigationssysteme berechnen die Strecke mit 22 Minuten bis zur Schleuse. Doch auch das entpuppt sich bald als Internetfinte. Da sind zuallererst die Kühe. Sie versperren zwar nicht den Weg, aber mal ehrlich, wer traut sich schon, ganz nah an friedlich grasenden Kühen mit dem Rad vorbeizujagen. Ist die letzte Kuh der Herde außer Sichtweite, lässt es sich auch beruhigt wieder aufs Rad steigen.

Am äußeren Ende der Leyhörn befindet sich die Schleuse von Greetsiel. Bis dahin ist es ein langer Weg, vor allem wenn der Wind von vorn kommt. In diesem Fall kommt es nicht auf Geschwindigkeit, sondern Genuss an. Viel zu einladend sind die Stopps am Wegesrand. Immer wieder bietet sich die Gelegenheit, eine Bank auf dem Deich aufzusuchen und den Blick in die Ferne schweifen zu lassen.

Wer es schneller mag, setzt sich nun aufs Rad und saust die Piste direkt am Watt entlang. Egal, welchen Weg man wählt, ganz am Ende wartet eine Überraschung: ein Stück Land, das nur den Vögeln zu gehören scheint. Sogar Sand gibt es dort. Wer schlau war, hat sich etwas zu essen aufgespart und genießt die Stille und einen Happen, bevor es zurück nach Norden geht.

An der Schleuse am Leysiel gibt es nicht nur einen Leuchtturm, sondern auch Kuhwiesen und Watt.

FAZIT: MANCHMAL LIEGT DER ZAUBER IN DER LANGSAMKEIT. RADFAHREN MUSS NICHT IMMER SCHNELL SEIN.

Hin & weg: Der Weg startet und endet in Norden, die Stadt ist mit der Deutschen Bahn erreichbar.

Beste Zeit: Früher oder später Sommer, in der Ferienzeit ist auch in dieser Ecke leider viel Betrieb.

Dauer & Strecke: Für die gut 60 km sollte man mind. 4 Std. einplanen. Es kommt aber auch immer auf den Wind an. Bestens hinter dem Deich gelegen, bietet sich das Hofcafé Akkens für eine Ostfriesentee- und Kuchenpause an (www.akkens.de).

Ausrüstung: Picknick, Badesachen, Fahrrad.

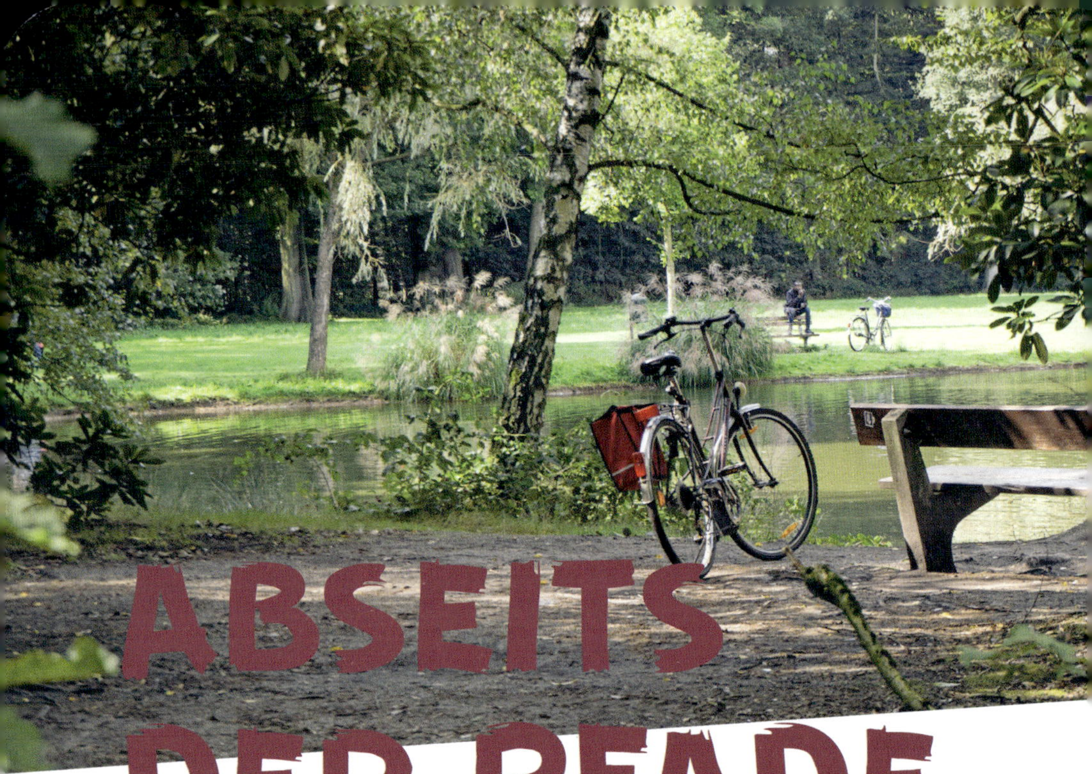

ABSEITS DER PFADE

… Leer mit dem Rad entdecken

#26

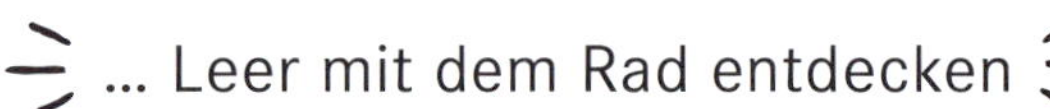

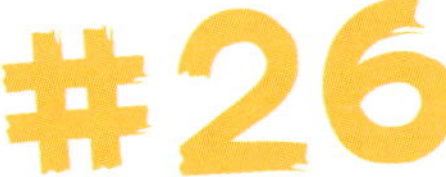

Aus der Stadt raus ins Grüne – das geht in Leer schnell und auf zahlreichen Wegen. Besonders schön ist der Rundweg über Schloss Evenburg, den Julianenpark und die Pünte. Dort zeigt sich die Stadt mit all ihren Facetten.

#aussichtsreicheRadtour #überLand #Schlosspark #Pünte

Der Julianenpark in Leer ist eine abwechslungsreiche, grüne Oase mit Wald und Wasser.

Wer in Leer ist, besucht den Hafen, die Fußgängerzone und das Teemuseum. Was aber ist mit dem Julianenpark oder der schmalsten Autobrücke Deutschlands? Noch nie gehört? Dann wird es höchste Zeit. Zunächst geht es gen Julianenpark. Er schmiegt sich am Rande der Innenstadt von Leer als ein 32 Hektar großes Stück Grün an die Stadtmitte.

In den 1920er-Jahren gehörte die Grünfläche zum nahen Schloss Evenburg. Der Park wurde zur Holzgewinnung und zum Jagen angelegt und nach der Schwiegertochter des Grafen von Wedel benannt. Den einst dichten Wald hat ein Orkan 1972 großflächig ausgedünnt. Der Park wurde nach dem Sturm der Verwüstung neu in Form eines englischen Landschaftsparks gestaltet – heute begeistert er mit Seen, Bächen, Brücken, Spielflächen und sprudelnden Brunnen. Hufeisenförmig breitet sich dort ein See aus und lädt zum Innehalten ein. Am besten ist es sowieso, das Rad irgendwo abzustellen und den Park zu Fuß zu durchqueren. Nur auf diese Art lernt man ihn intensiv kennen: die dichten Alleen, die sich als Wege durch den Park schlängeln, Baumgruppen, verknorpelt und schön, oder würzig duftende Totholzstapel. Auf einem Spaziergang erlebt man all dies viel intensiver, als wenn man nur daran vorbeiradelt.

Bei Schloss Evenburg gibt es nicht nur hübsche Alleen, sondern auch zahme Enten. Wer weiterfährt, kommt an Entwässerungsgräben entlang zur Pünte.

Nicht weit vom Julianenpark befindet sich das einst zugehörige Schloss: Die Evenburg ist wohl die prächtigste der Leeraner Burgen. Auch dort stellt man das Fahrrad am besten am Parkplatz ab und genießt. Die schattigen Alleen auf der einen Seite, das neugotische Wasserschloss auf der anderen Seite des Parks – man weiß gar nicht, in welche Richtung man zuerst steu-

ern soll. Das Schloss stammt aus dem Jahr 1861 und dokumentiert das adelige Leben jener Zeit. Doch viel schöner ist der Garten mit seinen kleinen Brücken, den lauschigen Ecken und den im Gras schlummernden Enten.

Vom Park aus führt die Strecke hinaus aus der Stadt zu einer typisch ostfriesischen Erfindung. Die Pünte, eine handbetriebene Seilfähre, verbindet beide Ufer der Jümme und sorgt für freie Fahrt, übrigens auch für Autos. Doch auf Pkws wartet im benachbarten Amdorf noch eine ganz andere Herausforderung: Die schmalste Autobrücke Europas lässt Autos wirklich wie eine Wurst in der Brückengeländerpelle aussehen, wenn sie darüberfahren. Wie gut, dass wir mit dem Rad unterwegs sind. Doch leider schon wieder auf dem Rückweg. Da heißt es noch schnell irgendwo einkehren, die friesische Weite genießen, bevor der Blick zwischen den Backsteinhäusern wieder eng wird.

FAZIT: UNBEKANNTE ECKEN ZU ENTDECKEN MACHT SPAß, BESONDERS, WENN SIE SO ABWECHSLUNGSREICH SIND.

Hin & weg: Leer ist mit dem Bahnhof gut an das Netz der Deutschen Bahn angebunden.

Beste Zeit: Sommer.

Dauer & Strecke: Reine Fahrzeit 1,5 Std., 23 km, mit Besichtigungspausen sollte man gut 4 Std. einplanen.

Ausrüstung: Fahrrad, Proviant.

SINNES-ABENTEUER

… mit dem Rad nach Schillig

#27

Der einzige Sandstrand auf der Ostfriesischen Halbinsel liegt in Schillig, am Eingang der Wesermündung. Der Weg dorthin führt durch Felder mit neugierigen Möwen im Visier. Also Picknickkorb packen und auf den Sattel schwingen.

#Sandstrand #Sonnenuntergang #großePöttegucken

Das Spiel von Wasser und Wolken lässt sich in Schillig wunderbar genießen. Am besten bei einem Picknick am Strand.

Wie das riecht! Sommer an der Nordsee ist eben doch etwas anderes als an anderen Meeren. Es scheint, als sei hier einfach mehr Salz in der Luft und weniger Staub. Dazu dieser erdige Geruch der Felder. Den Sommer riechen, das kann man gut auf dem Rad. Auf der Tour von Neuharlingersiel nach Schillig schärfen sich alle Sinne. Feines Vogelschnattern lässt sich schon zwischen Neuharlingersiel und Harlesiel vernehmen. Die Beobachtungsplattform Iheringsgroden gibt die Möglichkeit zu schauen, wer hier zwitschert. Weiter geht es, manchmal mitten durch die Schafherde, nach Harlesiel und schließlich über das Schöpfwerk weiter am Deich. Gleich hinter Harlesiel wird es am Himmel etwas geschäftig, denn dort starten die Flugzeuge zum kürzesten Linienflug Deutschlands auf die Ostfriesischen Inseln. Die Landebahn liegt nahe dem Radweg, man möchte fast den Kopf einziehen, wenn eine einmotorige Maschine landet.

Entlang des Elisabethschloots führt der Radweg ganz gerade am Deich entlang, ohne langweilig zu werden. Er streift abgelegene Dörfer wie Neu Augustengroden, offenbart die Sicht auf lila blühende Bienenweiden oder rosa blühende Kleefelder. Kurz vor Schillig,

also etwa nach einer Stunde reiner Fahrzeit, lohnt es sich, den Deich zu überqueren und auf der anderen Seite weiterzufahren. Schon bald rückt der Naturstrand ins Blickfeld und später auch der große Strand mit seinen vorgelagerten Dünen und den Strandkörben. Der Weg zum Wasser ist nicht zu unterschätzen, es dauert bestimmt zehn Minuten, bis man vom Deich am Meer angelangt ist.

Doch dort wartet der einzige Sandstrand auf der Ostfriesischen Halbinsel. Entstanden ist er aus den Segmenten der Weser. Der breite Fluss bringt noch etwas anderes: Riesige Containerschiffe, die ihren Weg nach Wilhelmshaven suchen, stehen wie in einem Schiffsstau am Horizont und steuern auf den Jadebusen zu. Ein perfekter Platz für den Sonnenuntergang, denn der Strand ist nach Westen hin ausgerichtet. Egal, ob Ebbe oder Flut, viel zu gucken gibt es dabei immer. Und wer sich traut, wartet die blaue Stunde ab und fährt unter dem Sternenhimmel nach Hause.

FAZIT: MIT DEM RAD ZUM SONNENUNTERGANG – EIN WUNDERBARES ERLEBNIS.

Hin & weg: Bis nach Neuharlingersiel fährt der Bus Linie 363 ab Esens.

Beste Zeit: Nachmittags im Früh- oder Spätsommer, in der Saison kann es sehr voll werden am Strand.

Dauer & Strecke: Reine Fahrzeit gut 3 Std. (ohne Gegenwind und Pausen gerechnet), ca. 50 km. Mit Picknickpause und ausgedehntem Strandspaziergang sollte man mind. 5,5 Std. einplanen.

Ausrüstung: Picknickkorb, Fahrrad, Decke, Badesachen.

MYSTISCHE STEINE UND FEINER STRAND

#28

Butter, Brot und Käse sind in Ostfriesland nicht nur Zutaten zum Abendbrot, sondern auch Monumente aus der frühen Steinzeit. In Tannenhausen steht Ostfrieslands eindrucksvollste Megalithanlage in direkter Nachbarschaft zum beliebten Badesee.

#Großsteingrab #Badesee #magischeOrte #Sonnenuntergang

Die zwei steinzeitlichen Gräber liegen in Tannenhausen ganz nah am Badesee. Hineingehen in die Grabkammern kann man aber leider nicht, sie sind zugemauert.

Zwischen einfachen Wohnhäusern versteckt findet sich der Eingang zu Ostfrieslands wohl ältestem Großsteingrab. Ein kleiner Weg führt von der schmalen Straße in einen lichten Park. Die umstehenden Bäume haben sich in Gruppen gefunden und lassen die Mitte des Platzes frei. Ein grasbewachsener Hügel ist zu sehen und auf den zweiten Blick riesige Findlinge, die Stützen und Eingang eines typisch steinzeitlichen Großsteingrabs freigeben.

Mehr als 5000 Jahre ist die Grabanlage in Tannenhausen alt, dennoch wirkt sie wie frisch errichtet. Das liegt wohl daran, dass sie im Jahr 2014 umfassend saniert und mit Findlingen ergänzt wurde. Gleich neben der Grabanlage befindet sich ein zweites Großsteingrab, auf dessen grasbewachsener Decke man sogar herumlaufen kann.

Obwohl diese Gräber zu den wichtigsten frühzeitlichen Zeugnissen Ostfriesland zählen, steht der Ortsname Tannenhausen nicht für Prähistorisches. Als Sehenswürdigkeit haben die Steine eine sehr große Konkurrenz bekommen, denn an den Ort schließt sich ein großer Badesee an. Während der See von Tannenhausen bei Tag einem Rummelplatz gleicht, wird es abends ruhiger. Der Andrang an der Wakeboardanlage, die ihre Seile über den See spannt und ständig summt, wenn neue Springlustige die Schanzen passieren, verlagert sich nach und nach auf die Beach Bar. Der Badesee ist nicht umsonst so beliebt: Feiner weißer Sand wurde an seinem Ufer aufgeschüttet und lässt das Wasser des Kiesteiches karibisch grün schimmern. Fein und schlickfrei kann man hier baden, ein komplett anderes Erlebnis als an der nahen Nordseeküste.

Fast karibisch ist der Strand am Badesee von Tannenhausen. Auch abends ist es dort schön – und weniger stark besucht.

Wenn die anderen Badegäste schon ihre Sachen zusammenpacken, ist es Zeit, das Handtuch auszubreiten. Sonnenuntergangsschwimmen ist an warmen Sommertagen angesagt. Und danach vielleicht noch einen Spaziergang einmal um den See machen? Das dauert ungefähr eine knappe Stunde, denn rund drei Kilometer sind zu überwinden.

Wenn die Sommernacht dann immer noch lang und hell ist, lockt ein zweiter See: Ganz in der Nähe gibt es den naturnahen Silbersee. Er liegt nordwestlich des Meerhusener Walds mit seinen schön knorrig gewachsenen Bäumen und wartet mit einem kleinen Sandstrand auf.

FAZIT: EIN WUNDERBARER SOMMERABEND MIT EINER KOMBINATION AUS MYSTISCHEM ORT UND MODERNEM BADESPAß.

Hin & weg: Der Bus Nummer 378 verbindet Aurich mit Esens und hält in Tannenhausen.

Beste Zeit: Laue Sommerabende.

Dauer & Strecke: Spätnachmittags bis in die Nacht, ca. 7,5 km. Schick unter Wakeboardern sitzt man in der Beach Bar North Bound, mit bestem Blick auf die Wassersportler (www.northboundaurich.de).

Ausrüstung: Schwimmsachen, Proviant, Turnschuhe zum Laufen.

SCHLICK STATT STRAND

Wenn die Sommersonne richtig steil und heiß vom Himmel scheint, ist es mitunter selbst im sturmumtosten Ostfriesland zu heiß. Eine Abkühlung im Meer ist dann eine tolle Idee, etwa an der einzigen Naturbadestelle des Festlandes – in Hilgenriedersiel.

#BadenohneStrand #Festland #Tidenkalender #Salzwiese

Durch die Salzwiesen zu wandern ist ein großartiges Erlebnis. Und am Ende wartet nicht nur die Badestelle, sondern auch der Blick auf Norderney.

An der Nordsee passiert es immer wieder. Mit gepacktem Rucksack steht man am Strand, aber das Wasser ist weg. Das Meer hat manchmal einen anderen Zeitplan als der Mensch. Wellen und Wasser zum Planschen stehen gerade nicht auf dem Plan der Nordsee, sondern blanker Meeresboden und Zeit zum Vogelfüttern. Möwen staksen über den grauen Boden und schnäbeln nach Leckerbissen. Schade eigentlich, denn wenn das Wasser weg ist, dauert es im schlimmsten Fall bis zu sechs Stunden, bis man wieder vernünftig baden kann. Also besser einen Blick in den Tidenkalender werfen, bevor man loszieht.

Doch so schlimm ist es gar nicht, denn der Ausflug zur Badestelle hat auch bei Ebbe seinen Reiz. Sie ist einer der wenigen Orte, an denen die Salzwiesen zugänglich sind, diese stille, einsame Weite, die sich nicht entscheiden kann, ob sie nun Meeresboden ist oder schon Land. Ein befestigter Weg führt durch die Wiesen. Entlang an Kuhweiden und Schafsrevieren geht es, immer einem Entwässerungsgraben folgend, gen Meer. Oder in diesem Fall eben gen Watt.

Dann nimmt man ein leises Knistern wahr, das sich zunächst fast unbemerkt über der Salzwiese ausbreitet. Kühe grasen auf den Weiden, zwischen denen sich Entwässerungsgräben wie dünne blaue Linien durch die Landschaft ziehen. Disteln locken Schmetterlinge an, deren Flügelschlag man kaum hört. Wer genau lauscht, vernimmt aber das Rauschen des Windes in den Schilfstängeln, die sich wie Staubbesen gen Himmel recken. Es ist ein Spaziergang, der die feinen Sinne weckt, anstatt großes Drama in Form und Farbe vorzugeben. Doch gerade das macht die Salzwiese aus.

Viel zu schnell ist die Wasserkante erreicht, und da steht man nun mit Badesachen im Rucksack, aber ohne Nordsee. Die hat sich vornehm zurückgezogen und rauscht am Strand von Norderney, dessen Leuchtturm zum Greifen nahe scheint. Was tun? Am besten geht man ein wenig ins Watt, gönnt sich eine Fußmassage und nimmt das gesunde Jod über die Sohlen auf. Vielleicht nascht man sogar noch etwas Queller, die sattgrüne, fleischige Pflanze, die typisch für die Übergangszone vom Watt zum Festland. Dann setzt man sich an den Rand, genießt die Umgebung und wartet auf das Meer.

Wenn es wieder in Hilgenriedersiel angekommen ist und zum Baden einlädt, ist der Tag fast herum. Aber das Warten hat sich gelohnt. An der einzigen Naturbadestelle durchs Watt zu glitschen ist einfach herrlich.

FAZIT: EIN WUNDERBARER TAG IM SPIEL VON EBBE UND FLUT.

Hin & weg: Hilgenriedersiel ist am besten mit dem Auto zu erreichen, der Parkplatz befindet sich gleich hinter dem Dorf.

Beste Zeit: Heiße Sommertage, von Niedrig- bis Hochwasser.

Dauer: Am besten einen ganzen Nachmittag lang.

Ausrüstung: Badesachen, Proviant.

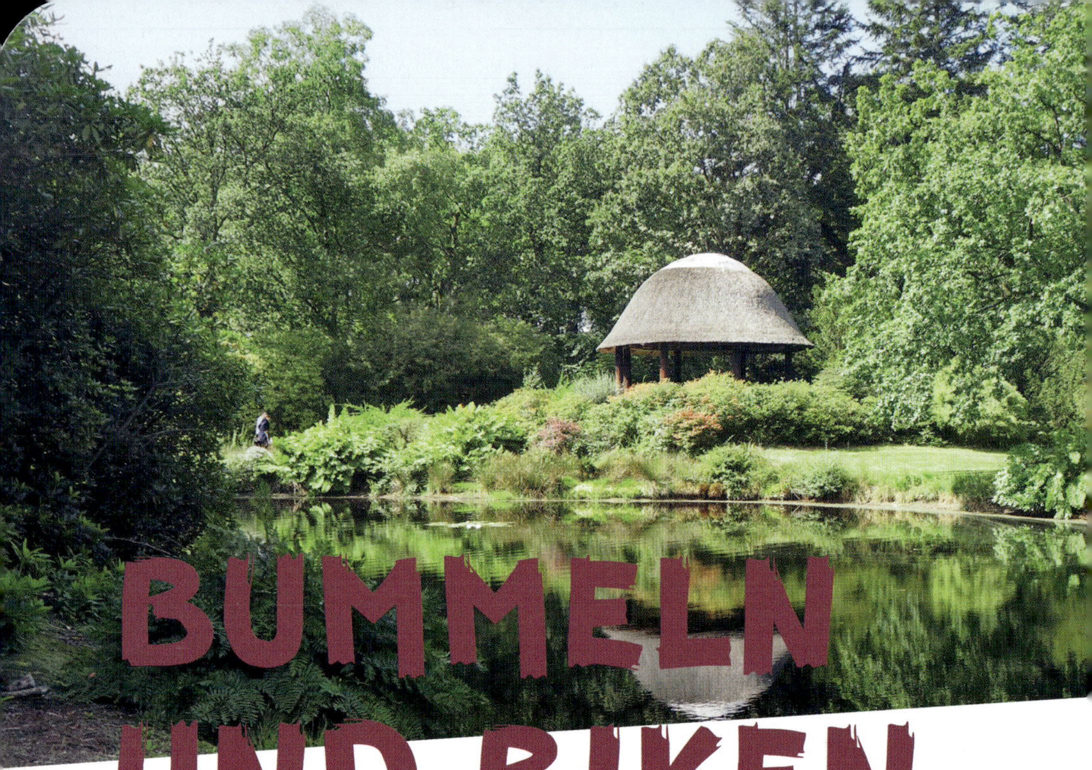

BUMMELN UND BIKEN

… von Norden nach Lütetsburg

#30

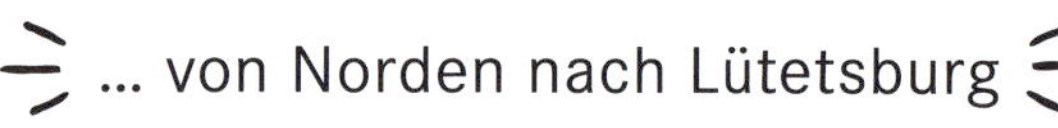

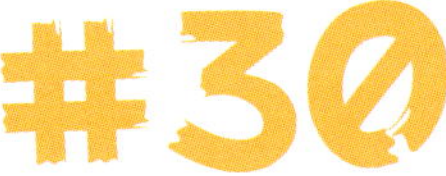

Als nordwestlichste Stadt des deutschen Festlands hat man es nicht leicht. Irgendwie liegt man da immer ein wenig abseits. Norden als älteste Stadt Ostfrieslands hat trotzdem viel zu bieten. Ein ausgedehnter Stadtbummel lässt sich prima mit einer Radtour zum Schloss Lütetsburg verbinden.

#MühlenMühlenundnochmalsMühlen #ältesteStadt #Gartenzauber

Im Ostfriesischen Teemuseum in Norden erfährt man nicht nur Wissenwertes über Tee, sondern auch über die Norder Stadtgeschichte.

Windmühlen können sie, die Ostfriesen. Die Frisiamühle ist wohl das Erste, das Besucher erblicken, wenn sie den Bahnhof Norden auf dem Weg in die Innenstadt verlassen. Vorbei an einem modernen Einkaufszentrum führt der Weg gen Innenstadt. Unaufgeregt präsentiert sich die 25 000-Einwohner-Stadt. Sie steht ein wenig im Schatten ihres vorgelagerten Stadtteils: Norddeich gehört ebenfalls zu Norden, lockt aber täglich viel mehr Besucher, denn in Norddeich befindet sich der Fährhafen nach Norderney und Juist. Die meisten fahren also an Norden vorbei, was eigentlich schade ist.

Gleich am Bahnhof begrüßt die Stadt ihre Besucher mit einem schönen Blick auf die beiden Windmühlen, auf der gegenüberliegenden Straßenseite befindet sich die Deichmühle Wagener. Geradeaus führt der Weg direkt in die Innenstadt, doch ein kleiner Schlenker nach rechts lohnt sich: Zu hübsch ist das Bauensemble des Hotels Reichshof mit seiner Backsteinfront. Zum Blickfang zählt auch die Fassade des Sparkassengebäudes der Neuen Straße mit den Löwenreliefs. Schon bald lohnt es sich, nach links in die Nebenstraße abzubiegen. Die Große Neustraße hat sich als Nor-

Die Ludgerikirche ist eine der wichtigsten Sehenswürdigkeiten in Norden. Doch auch der verwunschen schöne Garten von Lütetsburg liegt auf dieser Strecke.

dens Künstlerstraße etabliert. Hier befindet sich unter anderem das Kunsthaus Norden (www.kunstverein-norden.de). Während die Schritte auf dem Kopfsteinpflaster verhallen, findet der Besucher Selbstgenähtes, Papierkunst oder mundgeblasenes Glas.

Über den Synagogenweg geht es zurück in die Fußgängerzone. Vom ehemals größten jüdischen Gotteshaus Ostfrieslands sind nur noch Gedenktafeln geblieben. Der Neue Weg mündet in die quirlige Osterstraße. Dort fällt vor allem die reich verzierte Fassade des Schö-

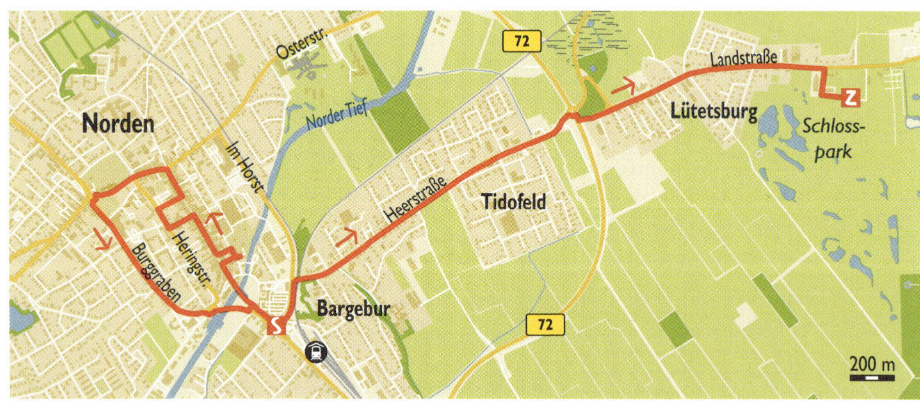

ninghschen Hauses (16. Jahrhundert) auf. Nordens Marktplatz markiert die nächste Station des Stadtbummels. Das Alte Rathaus mit seiner Backsteinfront findet sich dort ebenso wie ein Park mit rund 250 Jahre alten Bäumen. Doch das bedeutendste Schmuckstück am Marktplatz ist eine Kirche: Die Ludgerikirche ist nicht nur die größte Kirche Ostfrieslands, sondern beherbergt mit der Arp-Schnitger-Orgel (1686) einen wahren Schatz.

Jetzt noch mal schnell einen Abstecher ins Ostfriesische Teemuseum unternehmen, bevor es per Rad zum vielleicht schönsten Landschaftspark Ostfrieslands geht: Das Wasserschloss Lütetsburg befindet sich zwar in privater Hand, der Schlosspark jedoch ist für die Öffentlichkeit zugänglich. Mit seinen 30 Hektar Fläche ist er der größte private Landschaftsgarten Norddeutschlands. Er weist eine einzigartige Vielfalt von Gestaltungselementen auf. Sie reichen von künstlichen Flüssen über knorrige Buchen bis hin zu aufgeschütteten Hügeln oder Pavillonidylle. Ein wunderbares Stück Grün, für das man unbedingt etwas zusätzliche Zeit (mindestens eineinhalb Stunden) einplanen sollte.

FAZIT: EIN ABWECHSLUNGSREICHER NACHMITTAG ZWISCHEN CITYFLAIR UND LANDPARTIE. AB AUFS RAD!

Hin & weg: Norden ist an das Netz der Deutschen Bahn angeschlossen.

Beste Zeit: Sommer.

Dauer & Strecke: Mind. 4 Std., ca. 7 km.

Ausrüstung: Fahrrad.

IMMER DEM SAND NACH

Baltrum – der Inselname klingt wie »bald rum«. Und tatsächlich ist wohl keine der Ostfriesischen Inseln so geeignet für eine Umrundung zu Fuß wie Baltrum. Also auf in die Dünen und an den Strand, der an manchen Stellen unfassbar weit erscheint.

#autofreieInsel #Wanderspaß #großeWeite #einmalrundherum

Wer im Westen der Insel am Fähranleger startet, dem fällt möglicherweise der viele Beton ins Auge: große Buhnen, die wie Sandfänger ins Meer ragen. Tatsächlich sind sie es auch. Denn wie alle Ostfriesischen Inseln wandert auch Baltrum gen Osten. Noch Mitte des 17. Jahrhunderts lag das Westende von Baltrum dort, wo sich heute die Ostspitze Norderneys ausdehnt. Kein Wunder also, dass die Baltrumer ihre Westspitze mit dickem Beton schützen, damit die Nordsee ihnen nicht einfach wertvollen Strand wegknabbert.

Vom Hafen aus führt der Weg zum Hauptstrand, dem wohl besten Argument für einen Urlaub auf Baltrum. Familien mit bunten Drachen tummeln sich dort ebenso wie Hundebesitzer oder Pärchen. Noch ist der Strandabschnitt belebt, doch das ändert sich schon bald. Je weiter das Einzugsgebiet von Baltrum-Dorf entfernt ist, desto leerer wird der Strand. Nur noch vereinzelt sind Menschen zu sehen, meistens so groß wie Brettspielfiguren am Horizont. Die Gischt der Wellen kitzelt mit ihrem Salz in der Nase, und das Meer züngelt nach den Füßen. Am besten Schuhe ausziehen und ein Stück barfuß weiterwandern, das kühlt die erhitzten Füße schön.

Die Insel ist so klein, dass es keine Straßennamen gibt. Hausnummern genügen, Baltrum hat nur gut 650 Einwohner. Autos brauchen sie nicht. Selbst das Rad benötigt man kaum, denn Baltrum ist mit fünf Kilometer Länge klein genug für eine Erkundigung zu Fuß.

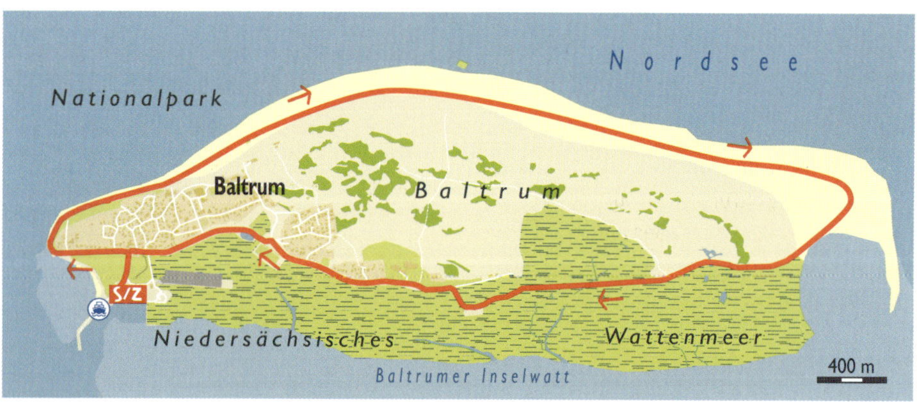

Die Nordseeinsel Baltrum hat viele Gesichter: einen Gezeitenpfad, einen feinsandigen Strand und einsame Sandweite. Das alles zeigt sich bei der Inselumrundung.

Der Strand wird breiter und breiter, Dünen türmen sich am Rande auf. Die Sonne spiegelt sich glitzernd in den kleinen Pfützen im Sand. Es scheint, als täte sich eine andere Welt am Horizont auf. Eine platte Sandfläche, die kilometerweit in die Nordsee zu ragen scheint. In der Ferne zeigt sich der Turm von Langeoog, es wirkt, als reiche der Sand bis auf die nächste Insel. Irgendwann werden die Dünen weniger, und auch zur Rechten breitet sich nur noch der Sandstrand aus.

Jetzt heißt es sich Zeit nehmen. Es ist dieser Platz, an dem Baltrum nicht nur still ist, sondern auch beweist, dass alles immer in Bewegung ist: die Sandbank, die sich täglich verändert und erfreulicherweise zu den Dingen gehört, die auch Google Maps nicht richtig erfassen kann. Von der Stille am Ostende führt der Weg dann doch irgendwann wieder zurück zur Zivilisation. Ganz sanft, entlang der Salzwiesen und Dünen, vorbei am Zeltplatz, und schon bald ist Baltrum-Dorf erreicht. Nach dieser wohtuenden Stille wirken plötzlich selbst Menschen auf Fahrrädern unglaublich hektisch.

FAZIT: KANN MAN IN EINIGEN STUNDEN EINE GANZE INSEL UMRUNDEN? BALTRUM MACHT ES MÖGLICH.

Hin & weg: Nach Baltrum fährt die Fähre von Nessmersiel in etwa 30 Min. Die Abfahrtszeiten sind tideabhängig.

Beste Zeit: Am besten im beginnenden Herbst, wenn man noch barfuß laufen kann, die Schwimmgäste aber schon abgereist sind.

Dauer & Strecke: 2–3 Std., 15 km.

Ausrüstung: Wanderschuhe, Handtuch, Proviant.

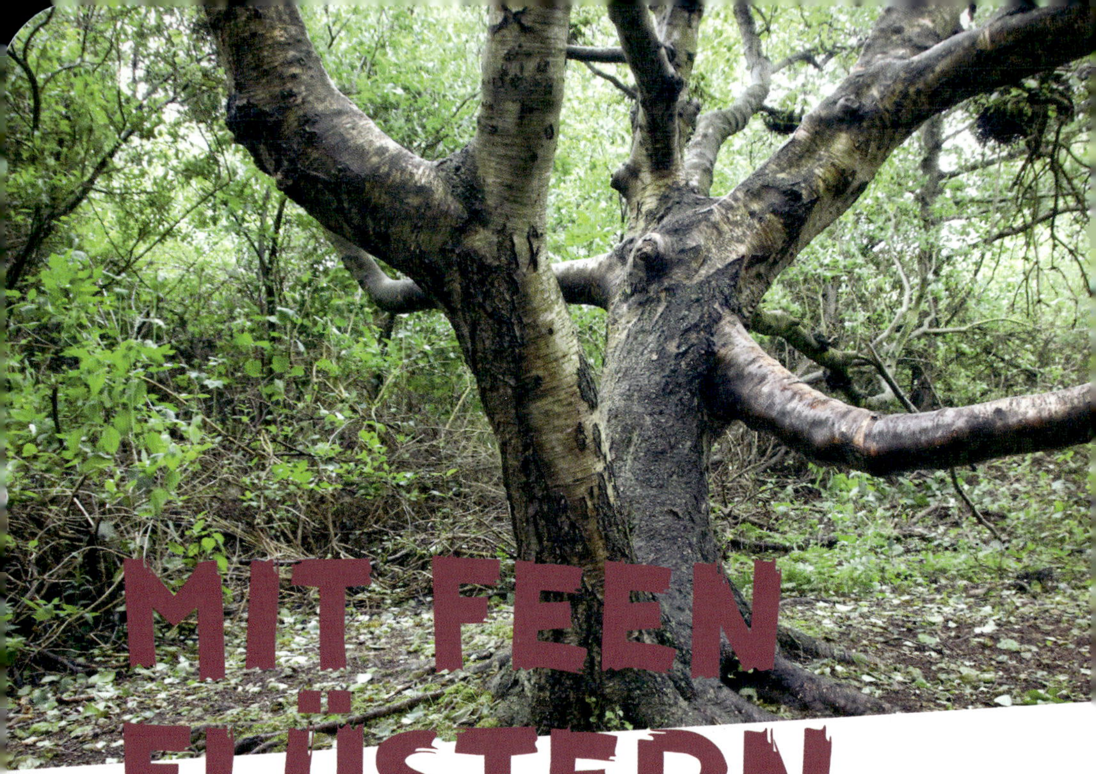

MIT FEEN FLÜSTERN

... im Zauberwald von Juist

#32

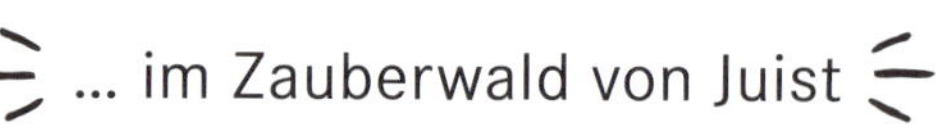

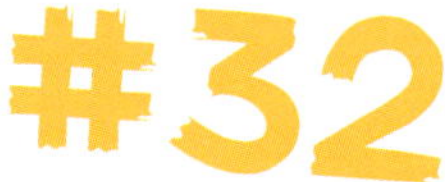

»Töwerland« nennen die Juister ihre Insel, Zauberland. Manche der Einwohner sind überzeugt, dass es dort Elfen und Feen gibt. Nicht nur in Island hat sich der starke Glauben an die kleinen Völkchen bewahrt. Auf Juist kann man mit einer Elfenflüsterin durch den Wald spazieren.

#Elfen #Juist #märchenhaft #Zauberwanderung #Langsamkeit

Nicht immer strahlt die Sonne, doch das Wetter ist perfekt für einen Feenspaziergang.

Manche Menschen vertiefen ihr Talent im Malen, Singen oder Töpfern, andere können Feen sehen. Astrid Witschorke ist die Feenflüsterin von Juist und bietet geführte Wanderungen zu den mystischen Wesen an. Also auf zum Zauberwald von Juist. Ob mit oder ohne ihre Führung: Sicher ist, dass dieser Wald tatsächlich magische Momente bereithält, aber eben nur für den, der sich dem auch öffnen kann.

Bevor es in den Wald geht, heißt es innehalten. Einen Moment stehen bleiben und seine Gedanken sammeln, anstatt gleich drauflosszustapfen. »Das erschreckt doch alle«, sagt die Feenflüsterin. »Es sind ganz zarte Wesen, die mit der Schnelligkeit der Welt nichts anfangen können. Sie brauchen Langsamkeit.« Die Füße sollen achtsam den Waldboden streifen, anstatt zielstrebig über den Boden zu trampeln. Allein das drosselt die Geschwindigkeit.

Normalerweise lässt sich der Spaziergang durch das Wäldchen in eineinhalb Stunden gut bewältigen. Doch dieser dauert einen ganzen Nachmittag, nicht ohne Grund. Nur wer in Zeitlupe geht und länger vor den Bäu-

men verharrt, kann den Geschichten der Feen lauschen. Da winken manchmal Blätter auf wundersame Art, oder Äste knacken. Manche Bäume scheinen miteinander zu tanzen, andere sich als Wächter bewaffnet zu haben.

Während es für Astrid Witschorke selbstverständlich ist, dass sie von einem Zwerg begleitet wird (den nur sie sieht), ist es für manche Menschen schwer vorstellbar, dass es diese Märchenwesen geben soll. Doch liegt Toleranz

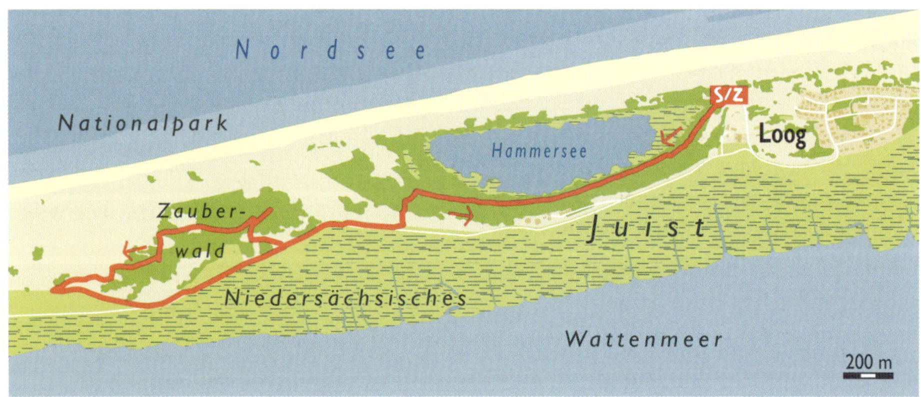

Wer durch den herbstlichen Zauberwald im westlichen Teil von Juist wandert, glaubt am Ende vielleicht wirklich, dass es Feen und Elfen gibt. Ein besonderes Erlebnis!

nicht auch genau darin, sich auf die Welt des anderen einmal ein Stück einzulassen, anstatt in seinen eigenen Denkmustern zu verharren?

Was wäre denn, wenn es sie wirklich gäbe, die unsichtbaren Zauberwesen, die Schätze hüten und Blumenkelchen sanfte Glockentöne entlocken? Auf dem Elfenspaziergang meditiert man vor einzelnen Bäumen, konzentriert sich ganz auf sich und erlebt die Natur intensiv. Es ist einfach wunderbar, sich bewusst die Zeit zu nehmen, eine Viertelstunde lang vor einen Baum zu hocken und einfach mal zu lauschen – ins eigene Innere ebenso wie ins Außen, genau das macht den Zauber dieses Elfenspaziergangs aus.

Ob es Wesen wie Zwerge und Elfen gibt, ist dabei eigentlich gar nicht die Frage. Nein, es geht vielmehr darum, den Kopf einfach mal komplett auszuschalten und den feinen, inneren Stimmen zu lauschen.

FAZIT: BEI DIESEM SPAZIERGANG WIRD DER WALD ZUM MÄRCHENPLATZ.

Hin & weg: Mit dem Rad zum Hammersee, dort startet der Weg ins Wäldchen. Die Feenwanderungen bietet Astrid Witschorke an (www.aus-liebe-zur-natur.de).

Beste Zeit: Regentage im Herbst, dann ist der Wald leer und still.

Dauer & Strecke: Ab 4 Std., normale Gehzeit 1,5 Std., ca. 5 km.

Ausrüstung: Warme Kleidung, denn das langsame Gehen und viele Stehen lassen einen leicht frösteln.

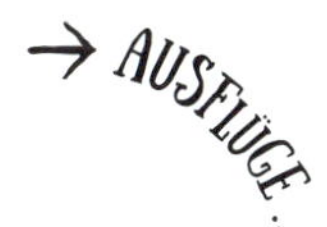

IMMER AM DEICH ENTLANG

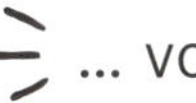 ... von Harlesiel nach Dornumersiel 

Diese Tour führt über ein Stück Land, das ursprünglich einmal tiefste Nordsee gewesen ist. Es ist flach, mit etwas Glück bläst der Wind nur schwach. Das Rad bietet die schönste Art, Ostfrieslands Küste zu entdecken, und die Tour nach Dornumersiel enthält einige tierische Überraschungen.

#Sielorte #Schafskino #Vogelausguck #Radtour

Wenn die Flut kommt, dann schwimmen sie wieder, die Boote – bei Ebbe kann das ganz anders aussehen. Es sind diese zwei Gesichter, die die Nordsee so interessant machen.

Nirgendwo kommen sie so häufig vor wie an der niedersächsischen Nordseeküste: Sielorte. Es ist nicht einfach nur des schönen Klanges wegen, dass viele Orte dort auf -siel enden. Man denke beispielsweise an Neuharlingersiel, Bensersiel oder Dornumersiel. Diese Orte verbindet eine ganz wichtige Aufgabe: Der Siel ist ein Durchlass im Deich, den man sich wie eine Schleuse vorstellen kann.

In einer Landschaft, die der Nordsee hart abgerungen wurde und die teilweise unter dem

Ein häufiger Anblick am Deich sind Schafe, manchmal muss man sich den Weg mit ihnen teilen.

Meeresspiegel liegt, kommt den Sielen eine entscheidende Aufgabe zu: Sie lassen das Wasser, das sich in den vielen Entwässerungsgräben im Binnenland sammelt, zur Nordsee fließen, durch ebendiese Schleuse im Deich. Wäre sie nicht, würde der Küstenbereich absaufen wie eine Pfütze im Regen. Sammelt sich zu viel Wasser im Binnenland, öffnen die Ostfriesen einfach ihre Tore und Klappen im Deich und lassen das Wasser zum Meer abfließen wie aus einer Badewanne. Allerdings funktioniert dies nur bei Ebbe.

Diese Eskapade führt immer am Deich entlang zu den Sielorten Ostfrieslands. Gestartet wird in Harlesiel, wer möchte, macht einen Abstecher zum Strand, dann geht es los an den Deich. Der Radweg führt hinter dem Deich entlang, meistens steht eine Herde Schafe mitten im Weg. Manche Tiere lassen sich nicht stören und schubbern sich noch genüsslich an den Scheuerpfählen. Auf halber Strecke nach Neuharlingersiel befindet sich ein Vogelausguck mit Fernrohr. Hier sollte man unbedingt anhalten und Möwen und Enten beobachten, bevor es am Deich weitergeht.

Die Luft ist würzig salzig, der Blick phänomenal. Mal machen Zaunkönige ihrem Namen alle Ehre und sitzen auf dem Draht, mal sind es Schwalben oder Meisen. In Neuharlingersiel bietet sich eine Pause an, bevor es über Bensersiel nach Dornumersiel geht. Der Rückweg führt ins Landesinnere, unter anderem nach Gründeich, wo schwarze Pferderücken in der Sonne glänzen. Wer Badesachen eingepackt hat, kann sich kurz vor Harlesiel im Sieltiefpark Altharlingersiel abkühlen.

Dieser Freizeitpark ist ein idyllisches Fleckchen Erde mit einer Weidenkuppel und einer kleinen Badestelle im Siel, die sich mindestens zum Kneippen, aber auch für ein kurzes Abtauchen eignet.

FAZIT: SIELORT-HOPPING IST EINE ABWECHSLUNGSREICHE MÖGLICHKEIT, DIE HÄFEN AN DER KÜSTE ZU ENTDECKEN.

Hin & weg: Nach Harlesiel fährt ein Bus von Jever und Norden. Schneller ist aber die Anreise per Auto.

Beste Zeit: Am schönsten im Herbst, aber auch im Frühling oder frühen Sommer möglich.

Dauer & Strecke: Reine Fahrzeit ca. 3 Std., etwa 52 km.

Ausrüstung: Fahrrad, Proviant, Badesachen.

KIRCH-TÜRME SAMMELN

Wie stellt man sich Ostfriesland vor? Plattes Land, einsame Bauernhöfe und weite Landschaft. Wohl keine andere Gegend kommt diesem Klischee so nahe wie die Halbinsel Krummhörn. Zeit für eine Herbstradtour durch eine wahre Bilderbuchlandschaft.

#Krummhörn #Herbst #Radtour #Warften

Auf der Suche nach einer prima Tour in der Krummhörn? Das Rad satteln und los, unter anderem vorbei am Trockenstrand in Upleward.

Gleich hinter Greetsiel beginnt das Bilderbuch Ostfrieslands: Die Krummhörn mit ihren 19 Dörfern, von denen die meisten eher an Bullerbü als an Niedersachsen erinnern, ist der abgelegenste Landstrich Niedersachsens. Dünn besiedelt, stark umwindet und platt wie ein Pfannkuchen. Als Erstes erblickt man den Otto-Leuchtturm von Pilsum. Wer möchte, kann hier schon eine kleine Rast machen, um den Anblick zu genießen. Nicht nur am Leuchtturm lockt Einmaliges, sondern auch in den gegenüberliegenden Wiesen, durch die vielleicht gerade ein Graureiher stakst.

Am Deich entlang heißt es die Nase in den Wind strecken und weiterradeln. Auf künstlichen Hügeln, den sogenannten Warften, errichtete Gehöfte kommen in den Blick. Es sind neben dem Deich die einzigen Erhebungen dieser flachen Landschaft, die teilweise bis zu zweieinhalb Meter unter dem Meeresspiegel liegt. Um Hab und Gut gegen eventuelle Sturmfluten zu schützen, haben die Menschen schon im dritten Jahrhundert angefangen, ihre Hütten und Häuser auf künstlich aufgeschütteten Hügeln zu bauen. Diese Erhebungen lugen im Notfall, wenn die Nordsee das Land überspült, wie kleine Inselchen aus dem Wasser.

Mit etwas Glück bläst der Wind von der richtigen Seite, also von hinten. Das schont die Kräfte, zumindest auf einer Hälfte der Strecke. Hinter dem Deich verbirgt sich eine typisch ostfriesische Besonderheit: Gleich hinter dem Campingplatz lohnt es sich, den Radweg zu verlassen und eine Pause einzulegen. In Upleward verbirgt sich der erste Trockenstrand Deutschlands. Ein Strand ohne Wasser, sowas können sich nur Ostfriesen ausdenken. Ein wunderschönes Gelände mit Strandkorb, Bänken und Grillhütte. Von dort aus führt der Weg zum Campener Leuchtturm. Er ist mit seinen 65,3 Metern immerhin der höchste Leuchtturm Deutschlands und wirkt ein wenig wie der Eiffelturm Ostfrieslands.

Danach führt der Weg über Campen und Felder nach Woltzeten und weiter nach Pewsum, dem nach Greetsiel größten Ort der Krummhörn. Dort gibt es nicht nur Tankstellen und Einkaufsläden, sondern auch die Manningaburg, eine kleine Wasserburg, die auf das 15. Jahrhundert zurückgeht. Von dort radelt man nach Groothusen, einem der schönsten

Der höchste Leuchtturm Deutschlands befindet sich in Campen. Mit seiner Stahlbeinkonstruktion erinnert er ein wenig an den Pariser Eiffelturm.

Dörfer der Krummhörn. Vor allem die mittelalterliche Osterburg mit ihrem Hofcafé lohnt einen Stopp: nicht nur wegen des Kuchens, sondern auch wegen des geheimen Gartens, der sich hinter Café und Burg entlang dem Burggraben zieht. Nach einem kleinen Spaziergang geht es zurück nach Greetsiel.

FAZIT: EIN WUNDERSCHÖNER HERBSTTAG AUF DEM FAHRRAD.

Hin & weg: Nach Greetsiel kommt man etwa von Emden aus mit dem Urlauberbus.

Beste Zeit: Früher Herbst.

Dauer & Strecke: Ca. 4 Std., 45 km.

Ausrüstung: Fahrrad, etwas zu trinken, Snacks.

SALZ UNTER DEN SOHLEN

… Naturthalasso auf Borkum

Wenn die Regensaison beginnt, dann ist es ziemlich egal, aus welcher Richtung das Wasser kommt. Wie wäre es mit einem Thalassospaziergang auf Borkum? Ab an den Meeressaum, tief durchatmen und die Heilkraft des Wassers erfahren!

#Borkum #Thalasso #HeilkraftdesMeeres #Küstensaum #Regen

Borkums Strände bieten sich gerade im Herbst oder an einem milden Wintertag für einen Thalassospaziergang an.

Die Badesaison auf Borkum endet spätestens Mitte September. Dann verschwinden die Menschen in Badehosen und Bikinis. Mützen, Gummistiefel und Regenjacken haben nun Hochkonjunktur. Also Zeit, einen Gegentrend zu setzen. Bis zur ersten Düne wird gewandert, sobald der Strand in Sicht kommt, heißt es Hose hochkrempeln, Schuhe und Socken ausziehen und Salzluft, Sand und Wind genießen. »Thalasso« nennt sich diese Therapie, in der Krankheiten und Beschwerden mittels Meerwasser gelindert werden.

Das Meer ist manchmal der beste Arzt, das wussten schon die Griechen und erfanden die Thalassotherapie. Eine Mischung aus ausgedehnten Spaziergängen am Meer, Sonnenbaden, aber auch Schlick- und Algenpackungen gehören zum medizinischen Behandlungsplan. Vor allem bei Erschöpfung, Atemwegs-

An manchen Stellen wirkt Borkum, die westlichste der sieben Ostfriesischen Inseln, wie eine Sandwüste.

Das Geheimnis der Thalassotherapie begründet sich im Reizklima des Meeres. Der Wind und die sich brechenden Wellen zerstäuben das Meerwasser in feine Tröpfchen. Sie sind die Basis der Anwendungen. In diesen Tröpfchen, auch Aerosol genannt, verstecken sich eine Menge gesunder Minerale und Spurenelemente wie Natrium, Selen, Jod, Zink oder Kalium, die durch die Atmung in den Körper gelangen. Am intensivsten ist die Wirkung direkt am Brandungssaum.

erkrankungen und Hautproblemen ist es ein guter Weg, um Fitness und Wohlbefinden zu steigern. Thalasso ist keine exklusive Therapieform der Wellnesszentren der Inseln. Die Zutaten für Thalasso liefert die Natur gratis.

Schon auf dem Weg dorthin zeigt sich die Heilkraft des Meeres. Der hart geregnete Sand gibt den Füßen eine Massage. Er ist gar nicht so kalt wie befürchtet, sondern eher wohltuend kühl. Jetzt heißt es einfach barfuß laufen, solange die Füße die Kälte aushalten, dann wieder in die Schuhe schlüpfen und weiter den Küstensaum entlanggehen. Es ist eine Landschaft, die ein wenig an eine Wüste erinnert, denn überall ist Sand. Vor den Füßen

Wenn die Sommergäste schon abgereist sind und das Meer zum Schwimmen zu kalt ist, dann ist die beste Zeit, um barfuß am Wellensaum entlangzuwandern.

liegen Dünen im Embryonalstadium, Minihügel mit Strandhaferzotteln, hier wächst die Insel tatsächlich noch.

Immer wieder lockt das Meer. Erneut zieht man die Schuhe aus, krempelt die Hose hoch und geht in die Fluten. Das härtet vor allem im Herbst gut für den kommenden Winter ab. Der beständige Wind, das raue Klima und die salzige Luft der Nordsee arbeiten mit dem Körper. Allergiker atmen auf Borkum sowieso auf, denn die Insel ist so gut wie pollenfrei, schließlich ist sie neben Helgoland die einzige deutsche Insel mit Hochseeklima. Das macht sich vor allem in sehr jodhaltiger Luft bemerkbar. Wichtig zu wissen: Die Thalassotherapie ist nicht für jeden geeignet, vor allem Menschen mit Schilddrüsenproblemen sollten vorher mit ihrem Arzt sprechen.

FAZIT: DIE NATUR HAT MANCHMAL DIE BESTEN REZEPTE, VOR ALLEM AM MEER.

Hin & weg: Von Borkum aus fährt ein Bus bis zum Parkplatz Ostland, dann zu Fuß weiter, am Wasserwerk vorbei zum Strand. Im Strandcafé Seeblick gibt es wunderbare Torten und Kuchen sowie kleine Suppen. Es liegt in den Dünen und offenbart einen herrlichen Meerblick (www.strandcafe-seeblick.de).

Beste Zeit: Oktober.

Dauer & Strecke: Die reine Gehzeit zwischen Ostland und Borkums Stadtstrand beträgt etwa 3 Std., ca. 12 km. Auf der Strecke gibt es so viel zu sehen, und auch der ständige Zickzackkurs zum Meeressaum verlängert die Tour, sodass man auch gut einen halben Tag unterwegs sein kann.

Ausrüstung: Handtuch, Wanderschuhe, Regenjacke, Thermoskanne mit Tee, Proviant.

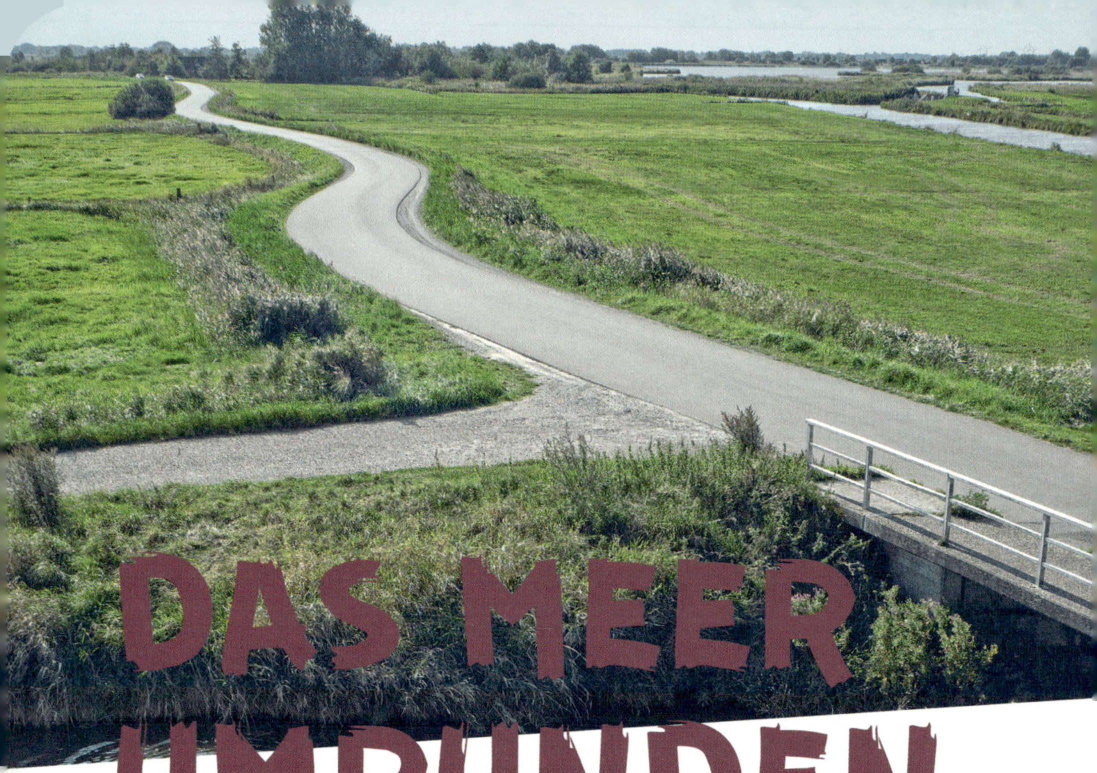

DAS MEER UMRUNDEN

… drei Meere auf einen Schlag

#36

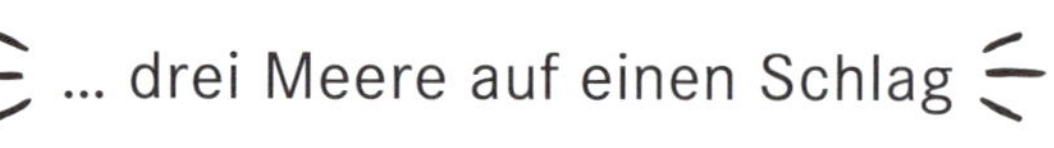

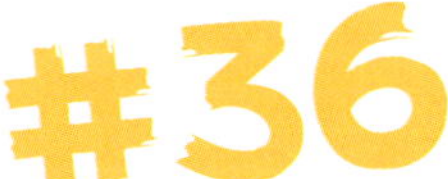

Es gibt Orte, die sind so schön und so unentdeckt, dass man sie am liebsten gar nicht verraten würde. Ein solcher Ort ist das Große Meer, ein 460 Hektar großer Flachmoorsee nahe Bedekaspel – möglicherweise ist es das Dornröschen der ostfriesischen Gewässer.

#GroßesMeer #Bedekaspel #WasserWeiteMeer #Moorerleben

Das Große Meer ist ein See.
Der Vorteil: Das Wasser ist immer da, genügend Wind meistens auch.

Auf den ersten Blick erscheint sie wie jede andere Landschaft in Ostfriesland: Felder, Gräben und plattes Land. Ein kleiner Wald in der Ferne und Schwärme von Möwen auf den Feldern. Doch dann taucht plötzlich dieses Schild auf: Drei-Meere-Weg. Drei Meere? Hier bei Hinte eröffnet sich doch das Binnenland. Die Nordsee braust erst 30 Kilometer entfernt.

Den Schildern zu folgen lohnt sich. Einfach strampeln und los. Die Tour ist ein Rundkurs. Man startet in der Bedekaspeler Marsch und folgt der kleinen Straße. Die Landschaft aus Feldern und Kuhwiesen ändert sich schlagartig nach einem Rechtsschlenker. Plötzlich kommen Nurdachhäuser und kleine Kanäle in Sicht, einige Boote schaukeln am Ufer, und Menschen fahren, mit Angeln ausgerüstet, in die Weite. Statt Bauernhöfen macht sich Ferienstimmung breit. Das Knockster Tief leuchtet himmelblau, und am Bootshaus reihen sich Fahrräder und Kanus – hier treffen sich die Menschen zum Klönen, Essen, aber auch um vom Rad auf das Kanu umzusteigen oder umgekehrt. Von dort aus geht es links durch die Felder, entlang dem Marschener Tief, das sich durch die Felder schlängelt.

Das Tief teilt die Landschaft und vereint sich schon bald mit dem Kanal Wiegboldsburer Riede, der einen schmalen Streifen Land vom Großen Meer abtrennt. Was auf der Landkarte

aussieht wie ein Schuhlöffel, entpuppt sich als wunderbare Strecke zum Spazierengehen. Aber der Weg dorthin ist nicht leicht, denn die Strecke verschwindet plötzlich im Wasser. Dort, wo es weitergehen sollte, ist nur eine Kurbel zu sehen und auf der anderen Seite des Ufers ein Ponton. Dreht man an der Kurbel, kommt zunächst eine dicke Eisenkette zum Vorschein, dreht man länger, bewegt sich mit etwas Glück der Ponton. Es ist eine typisch ostfriesische Erfindung: eine Handkurbelfähre, die hier »Pünte« genannt wird. Sie erfordert einiges an Körperkraft. Noch heißt es nur zuschauen, auf dem Rückweg müssen die Radler hier selbst kurbeln. Insgesamt zwei Pünten gibt es auf dem Rundweg um das Große Meer.

Auf dem schmalen Streifen Land locken ein Vogelbeobachtungsturm und die Promenade entlang dem Nordufer des Großen Meeres. Besonders kennzeichnend ist der breite Schilfgürtel, der das Gewässer umgibt und ein perfektes Brutgebiet für Rohrdommel, Graugänse, Blaukehlchen oder Sumpfohreule darstellt. Auch wenn der Name anderes vermuten lässt, ist das Große Meer ein See, der durch das umgebende Moor entstanden ist.

Hin & weg: Ab Emden Hbf. fährt der Bus Linie 410/411 bis zur Bedekaspeler Marsch, Fahrzeiten beachten, er fährt selten, aber er fährt.

Beste Zeit: September, Oktober.

Dauer & Strecke: 4–5 Std., die Strecke misst insgesamt ca. 15 km.

Ausrüstung: Einen Partner für die Pünte zum Kurbeln an der Seite, Proviant, Wanderschuhe, Fernglas zur Vogelbeobachtung.

Vogelbeobachtungsturm, handbetriebene Fähren, sogenannte Pünten, und weiße Kühe – diese Gegend ist noch ein Geheimtipp.

Vom Nordufer aus führt der Weg am Ostufer entlang durch kleine Dörfer immer mit Blick auf die große Weite. Manchmal geht es ein Stück auf der Hauptstraße entlang, dann wieder auf asphaltierten Wegen mitten durch das platte Land. Einen wunderschönen Panoramablick offeriert der Vogelbeobachtungsturm im Süden des Großen Meeres. Eine wunderschöne Strecke führt noch einmal mitten durch das Naturschutzgebiet, bevor es an der Pünte bald wieder heißt: Ärmel hochkrempeln und kräftig kurbeln.

FAZIT: MEER MUSS NICHT IMMER GROSSE WELLEN SCHLAGEN. AUCH AN SANFTEN SEEN KANN MAN WUNDERSCHÖNE PANORAMEN ENTDECKEN.

DER WEG IST DAS ZIEL

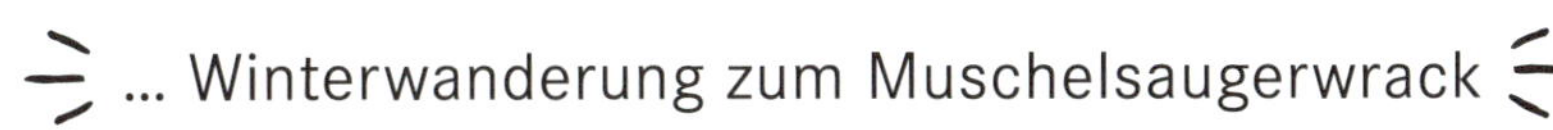

… Winterwanderung zum Muschelsaugerwrack

#37

Der Westen Norderneys ist quirlig, bebaut und belebt. In den Osten der Insel aber verirrt sich kaum jemand. Die Wanderung zum Muschelsaugerwrack gehört zu den intensivsten Naturerlebnissen zu Fuß auf der Insel.

#Norderney #Wrack #Wanderung #Sandwüste #Seehunde

Wenn es heißt: Der Weg ist das Ziel, dann stimmt das wohl nirgends so sehr wie auf dieser Wanderung. Obwohl das Ziel so spektakulär klingt, ist es eigentlich die Landschaft, die sich auf dem Weg auftut. Es ist so, als betrete der Wanderer nach dem Parkplatz Ostheller ein ganz anderes Stück Norderney. Die Menschen, die sich immer irgendwo noch getum-

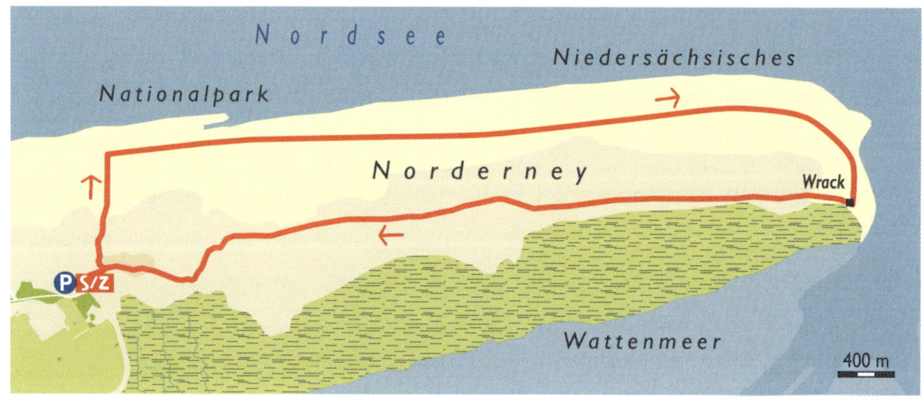

Norderneys Osten ist wild und voller Sandweite. Die Wanderung zum Muschelsaugerwrack ist anspruchsvoll und nicht bei jedem Wetter möglich.

melt haben, verschwinden plötzlich aus dem Sichtfeld. Ein Gefühl, als hätte man dieses Stück Insel ganz allein für sich.

Im wilden Osten beginnt auch die Ruhezone des Nationalparks. Ein besonders geschützter Naturbereich, in der seltene Vögel brüten und rasten, weswegen Wanderer die ausgewiesenen Wege nicht verlassen dürfen. Doch diese Wege muss man erst einmal finden. Vor allem nach Regenperioden sind die Salzwiesen gerne überspült und sumpfig. Wer trockenen Fußes bis zum Wrack kommen möchte, der wählt am besten die Route entlang des Strands. Sie ist zwar etwas länger, dafür auch spektakulär und vor allem einfach zu finden.

Zunächst führt der Weg noch ein Stückchen durch die Dünen, bevor die Weite des Nordseestrands zu sehen ist. Und die ist im Osten einer niedersächsischen Insel einfach am schönsten. Es ist die wilde Einsamkeit der Sandbank, die die Gespräche der Wanderer verstummen lässt. Oder vielleicht auch das Rollen der Wellen, die immerwährend Sand hin und her spülen und die Insel neu formen. Einen Weg braucht man nicht, der Strand gibt die Richtung vor.

Er scheint sich bis zum Horizont und weiter zu erstrecken. Platter Sandboden, auf dem sich manchmal Verwehungen zeigen, manchmal Pfützen, je nachdem, von woher der Wind kam. Irgendwann mündet der Strand in die Ostspitze der Insel. Jetzt heißt es rechts abbiegen. Ein schwarzer Fleck am Strand kommt in Sicht: das Schiffswrack. Der Name klingt spektakulärer als es ist, denn zu sehen ist ein sehr verrosteter, alter Rumpf des Muschelbaggers »Capella«, der dort schon im Jahr 1967 gestrandet ist.

Zurück geht es dann bei beständigem Wetter durch die Salzwiesen. Doch Achtung: Der Weg ist manchmal schwer zu finden, da hilft es nur, die Peilbake als Ziel anzupeilen und immer in diese Richtung zu gehen. Der Ausläufer eines Priels versperrt den Weg, manchmal ist er so voll gelaufen, dass nur Schuhe ausziehen oder Gummistiefel anziehen hilft. Der Weg durch die Salzwiesen zieht sich. Skelette von Vögeln zeugen von der Wildnis und Einsamkeit dieses Ortes. Gelegentlich sieht man auch Möwen, die kreischend auffliegen, oder entdeckt Kaninchen, bevor sie sich schnell in ihren Bau zurückziehen. Nach etwa vier Stunden ist der Parkplatz wieder erreicht.

FAZIT: DIE GROßE WEITE IST EIN PERFEKTER PLATZ ZUM ABSCHALTEN.

Hin & weg: Mit dem Rad oder Auto zum Parkplatz Ostheller.

Beste Zeit: Im Herbst. Am besten ist es, mit ablaufendem Wasser zu wandern, dann kommt man auf dem Rückweg durch die Salzwiesen nicht in Gefahr, vom auflaufenden Wasser überrascht zu werden. Unbedingt das Wetter beachten, auf keinen Fall bei Sturmflut oder Sturm den Weg gehen.

Dauer & Strecke: Mind. 4 Std., eher mehr, ca. 14 km.

Ausrüstung: Gummistiefel, Proviant, Wasser, Handy für den Notfall unbedingt einstecken.

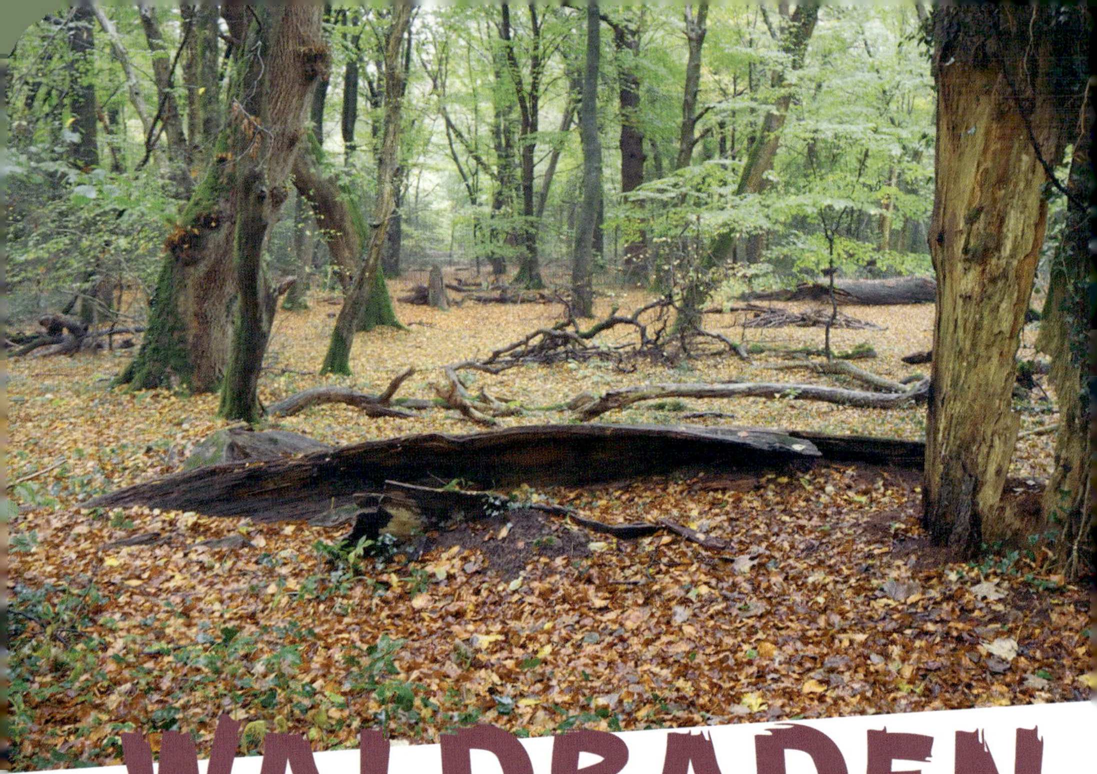

WALDBADEN

… im Neuenburger Urwald

#38

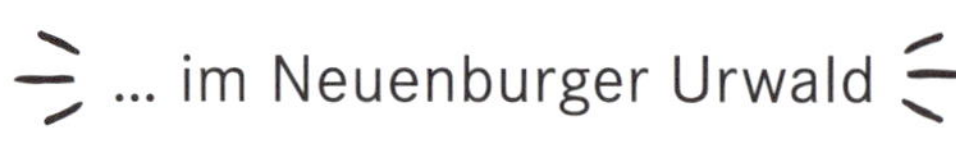

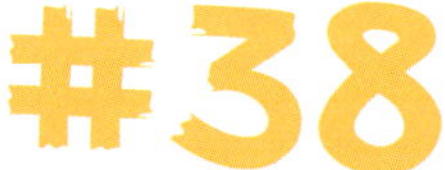

Wenn die Tage kürzer werden und sich der Novembernebel senkt, dann ist die beste Zeit für den Urwald. Beim Waldbaden zwischen Lichtungen und malerisch morschen Stämmen vergisst man leicht die Zeit und tut gleichzeitig etwas für seine Gesundheit.

#ShinrinYoku #indenWaldeintauchen #Naturerlebnis

Eintauchen in das Grün des Waldes, die Ruhe, die Düfte, in den Kosmos der Bäume und vielleicht auch in die Tiefe in sich selbst – dafür gibt es eine ganz eigene Technik, die in den letzten Jahren immer mehr an Beliebtheit gewonnen hat: *Shinrin Yoku* oder auf Deutsch Waldbaden. Doch wie badet man in einem Wald? Die Anleitungen dafür sind so unterschiedlich, wie das Internet Seiten hat. Eines aber ist allen gemein: Es geht um das bewusste Entschleunigen, die Achtsamkeit mit der Umgebung und sich selbst, die beim Waldbaden geschult werden sollen.

Der Wald wird zum Co-Therapeuten. Dabei reicht es aber nicht, jeden Tag eine halbe Stunde spazieren zu gehen. Wenn Waldbaden messbare Effekte auf Abwehrkräfte, Körper und Psyche haben soll, dann muss man mindestens drei Stunden am Stück im Wald bleiben. Dabei ist es nicht nur das Grün, das wirkt, sondern auch die Düfte. Terpene und Phytonzide – ätherische Öle, die die Bäume ausschütten – gelangen über die Atmung in den Körper und sollen dort messbare Effekte zeigen. Egal, was Forscher nun über den heilsamen Duft des Waldes herausgefunden ha-

ben, fest steht: Dieser würzige, modrige Waldgeruch tut einfach gut.

Genau dieser Geruch begrüßt die Besucher in Neuenburg. Das geschwungene Schild mit geschnitztem Schriftzug »Urwald« am Beginn der Wanderwege wirkt dabei wie ein Tor in eine andere Welt. In gewisser Weise ist es das auch, denn dieser Wald ist anders. Er ist naturbelassen. Die Bäume wachsen und vergehen hier in ihrem eigenen Rhythmus, sie werden nicht als kleine Plantagen für Stühle

Dieser Wald spielt mit den Sinnen – vor allem im Herbst, wenn die Blätter in Rot-, Orange- und Gelbtönen leuchten und Moose und Flechten herrlich duften.

oder Parkett gezüchtet. Eine Freiheit, die man sofort spürt. Der Neuenburger Urwald gibt Zeugnis, wie schön Verfall auch aussehen kann. Man entdeckt Baumskulpturen, die Wind, Wetter und Pilze geformt haben. Manche wirken wie Bilderrahmen, durch die sich neue Blickwinkel ergeben, manche wie hoch aufragende Stelen.

Schon bald kommt eine Jagdhütte in Sicht. Gut zu wissen, dass es einen Zufluchtsort gäbe, falls das Wetter umschlägt. Im Zickzack schlängelt sich der Weg durch den Wald, möglicherweise versperren umgefallene Bäume das Fortkommen. Offenbar ist es Zeit, innezuhalten und zu schnuppern. Das Laub unter den Füßen duftet herrlich nach Winter, und der Wanderer spürt zunehmend, wie er bei sich selbst ankommt. Er nimmt seinen Körper wieder mehr wahr, in der Stille kommen alte Gefühle und längst Verdrängtes im Inneren hoch. Und vielleicht findet man so manche Antwort auf die drängenden Fragen des Lebens.

FAZIT: LANGSAMKEIT IM WALD BRINGT OFT NEUE ERKENNTNISSE.

Hin & weg: Am besten mit dem Auto, dann muss man nicht zu einem bestimmten Zeitpunkt an der Bushaltestelle sein. Einstieg über das Restaurant Urwaldhof in der Urwaldstraße 59.

Beste Zeit: Herbst, wenn die Blätter bunt leuchten und besonders gut riechen.

Dauer & Strecke: Mind. 4 Std. (reine Laufzeit knapp 2 Std.), ca. 4,5 km. Wen der kleine Hunger überrascht, der findet im Urwaldhof ein uriges Restaurant (www.urwaldhof-friesland.de).

Ausrüstung: Heißer Tee, Proviant, Sitzkissen, Regenkleidung.

GIB MIR DIE KUGEL

... Boßeln zwischen Burhafe und Negenbargen

Die Ostfriesen sind eigenartig: Wenn es draußen so richtig graupelig und ungemütlich ist, scheinen sie erst in Sportlaune zu kommen. Es treibt sie scharenweise zum Training. »Boßeln« heißt der ostfriesische Volkssport, den man mitten auf der Straße spielt. Besonders Spaß macht er an frostigen Wintertagen.

#Boßeln #Ostfriesensport #überFeldundFlur #SchnapsundGrünkohl

Merkwürdige Bewegungsabläufe und Menschen, die auf der Straße laufen und sich auf Plattdeutsch Dinge wie »Hier up an« (Hierher) zurufen – das ist der Ostfriesensport Boßeln.

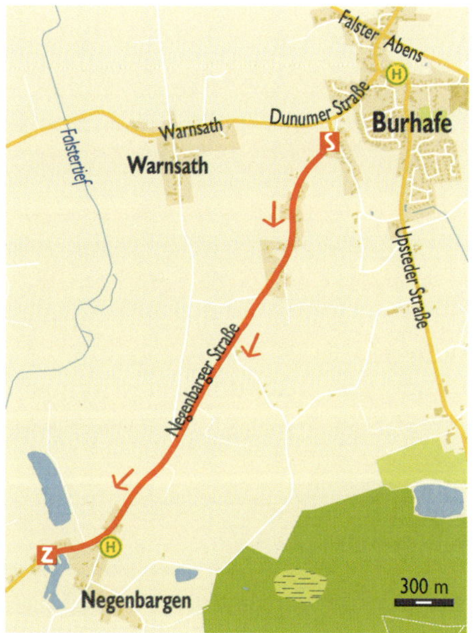

Wenn sich die Fußballbundesliga in der Winterpause erholt, laufen die Ostfriesen zur Höchstform auf, denn nun beginnt die Boßelzeit. Was im Nordwesten Deutschlands das Normalste der Welt ist, erscheint dem Besucher eher befremdlich: Man kann eine Gruppe Menschen beobachten, die zu kegeln scheint, allerdings ohne Kegel aufzustellen. Sie stoßen eine Gummikugel, laufen in Scharen mitten auf der Straße und kümmern sich scheinbar nicht um Autos.

Bei jedem Spiel gibt es zwei Mannschaften, die eine Strecke von bis zu sechs Kilometern im Wettkampf überwinden. Dabei muss die Gummikugel geworfen werden. Das Team, das die Strecke mit den wenigsten Würfen überbrückt, hat gewonnen. Fast wie beim Kegeln. Und doch einmalig.

Zum Boßeln gehören rote Gummikugeln und Markierungen auf der Straße. Mancherorts sind Boßelwege sogar mit Verkehrsschildern gekennzeichnet.

Dem Boßeln wird eine enge Affinität mit Schnaps zugesprochen. Das jedoch lehnen ernsthafte Boßler entrüstet ab: Sie würden niemals während des Spiels zum Alkohol greifen, viel zu ernst ist es ihnen mit dem Friesensport. Doch warum findet der eigentlich nur im Winter statt? Nun ja, der Friese ist eben praktisch veranlagt: Im Winter schwitzt man schlicht nicht so beim Werfen der Kugel. Also zieht es zahlreiche Ostfriesen hinaus, egal, ob bei Sturm oder bei Schneeregen. In Gruppen, oftmals Leuchtwesten tragend, ziehen sie die Straßen entlang, die zu dieser Jahreszeit sowieso selten befahren werden. Mit Anlauf und Schwung schmeißen sie die Kugel so weit wie möglich auf die Straße.

Die Tradition des Boßelns reicht mindestens bis ins 17. Jahrhundert zurück. Die Ursprünge der Sportart liegen im Dunkeln. Historiker gehen davon aus, dass die Menschen einst ihre Feinde mit Stein- und Lehmkugeln beworfen haben und später daraus einen Sport machten. Heute unterhalten die Ostfriesen übrigens mehr Boßel- als Fußballvereine, betreiben Wettkämpfe und Turniere. Während die Profis diszipliniert bis nach der Partie warten, ist beim Spaßboßeln der gute Schluck Schnaps mindestens ebenso wichtig wie das Werfen der Kugel selbst. Und eines gehört ebenso zum Boßeln wie die runde Gummikugel: die gute Portion Grünkohl, die nach der sportlichen Betätigung gegessen wird. Erst dann, so scheint es, kommt der Körper wieder auf Normaltemperatur.

FAZIT: EIN EINMALIGES OSTFRIESISCHES SPORTERLEBNIS BEI ECHTEM NORDSEE-WINTERWETTER MIT EINER GROßEN PORTION GRÜNKOHL ALS BELOHNUNG.

Hin & weg: Am besten per Auto nach Burhafe, auf der Negenbarger Straße findet sich eine Boßelstrecke. Wer Probeboßeln möchte, kann dies mit einer Boßelwanderung verbinden, buchbar etwa bei Joke Pouliart (www.wattwanderzentrum-ostfriesland.de).

Beste Zeit: In der Grünkohlzeit, November bis Februar.

Dauer & Strecke: Etwa 4 Std. bei mehreren Runden inkl. dem anschließenden Grünkohlessen. Eine Strecke ist zwischen 3 und 6 km lang. Von Burhafe bis Negenbargen misst die Strecke 3 km.

Ausrüstung: Boßelset (Gummikugel, Handwagen, Schreibblock), festes Schuhwerk. Bei der Planung hilft auch die Boßel-App (www.bossel-app.de).

---

3. KAPITEL MINIURLAUB

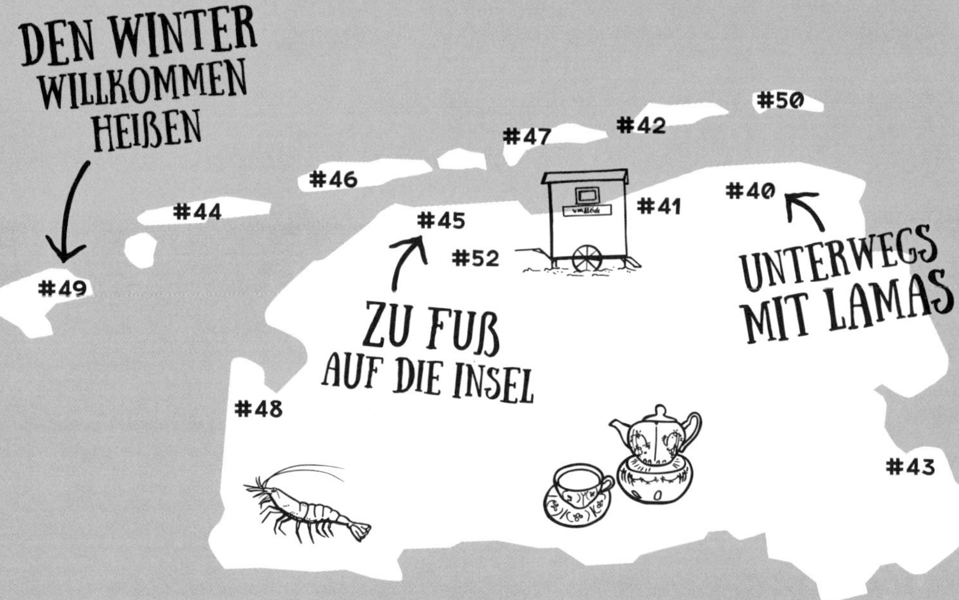

Ferien für ein Wochenende

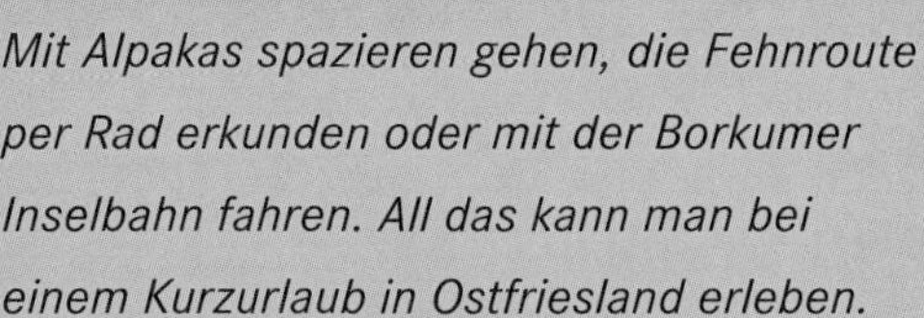

Mit Alpakas spazieren gehen, die Fehnroute per Rad erkunden oder mit der Borkumer Inselbahn fahren. All das kann man bei einem Kurzurlaub in Ostfriesland erleben.

36H

LAMAS UND ALPAKAS

… am Sommerdeich in Neu Augustengroden

Zur Nordsee gehören Schafe und Milchkühe, höchstens noch Pferde. Aber Lamas und Alpakas? So manch einer bleibt verwundert stehen, wenn er den Tieren bei einer Tour hinter dem Deich begegnet.

#Neuweltkamele #WellnessfürdieSeele #Wangerland #soflauschig

Die Lamawanderung führt immer am Deich entlang, die Kühe wundern sich längst nicht mehr über die exotischen Tiere, die Feriengäste dafür umso mehr.

Diese Locken! El Ninos Frisur ist einfach unglaublich. Eine dichte, fuchsfarbene Lockenpracht, fast so, als würde er Jimi Hendrix verehren. Doch El Nino kennt den Gitarristen ebenso wenig wie Rockmusik. El Nino ist ein Alpaka, eines von elf Tieren, die Heike und Thomas Höke gleich hinter dem Deich auf ihrem Hof halten. Es ist eine ganze Herde, die dort wohnt, acht Lamas und drei Alpakas. Für die Hökes sind die Tiere Entschleunigung und Therapie zugleich. Deswegen bieten sie auch Urlaub auf dem Lamahof an und sind meistens Monate im Voraus ausgebucht. Doch das Warten lohnt sich, denn ein Wochenende bei den Lamas ist etwas ganz Besonderes.

»Wenn ich bei den Lamas bin, dann geht es mir sofort wieder gut, auch wenn ich zuvor noch so einen großen Stress hatte«, erklärt Heike Höke und setzt sich mit einem Stuhl auf die Lamaweide. Wer sich als Gast zu ihr setzt, merkt sofort, was sie meint. Die Tiere sind so sensibel und reagieren sofort auf jede Art von Stress oder gar Aggression. Sie nehmen den Körperausdruck, Angst und Hektik ebenso wahr wie Ausgeglichenheit. Wer sich den Tieren also nähern will, sollte erst einmal etwas zur Ruhe kommen.

Man hat sofort das Gefühl, dass die Uhren langsamer ticken auf dem Ferienhof. Mal eben die Tiere aus dem Stall holen und sie für die Lamawanderung fertig machen, das ist nicht drin. Sie brauchen Zeit. Zeit, um sich das Halfter anlegen zu lassen, Zeit, um sich auf den Menschen einzustellen und Vertrauen zu ihm aufzubauen. »Nirgends kann man seine Wirkung so gut erkennen wie bei den Lamas und Alpakas«, sagt Heike mit einem Lächeln. »Sie sind stets ein Spiegel der eigenen Gefühle. Bin ich ängstlich oder gestresst, laufen sie auch weg. Bin ich friedlich und lasse mich auf die Tiere ein, sind sie ebenfalls bereit dazu.«

Und so ist es schön, wenn man nicht nur für eine Lamawanderung Zeit hat, sondern während des gesamten Wochenendes immer wieder mal an den Auslauf treten kann, um die Tiere kennenzulernen. Vielleicht passiert es dann irgendwann, dass der neugierige El Nino mit seinem Lockenkopf zu einem kommt und sich streicheln lässt. Mit etwas Glück schmiegt er sich sogar an. Und das mit dem Spucken? Das haben Thomas und Heike Höke stets im Blick. Sobald die Tiere die Ohren anlegen und die Nase aufblähen, heißt es zurücktreten. Dann fühlen sie sich bedroht.

Verliebte Blicke und weitere Zuneigungsbekundigungen wie sanftes Beschnuppern können schon mal vorkommen, wenn man mit Lamas und Alpakas wandern geht.

Hat man gegenseitig Vertrauen aufgebaut, kann es losgehen auf die Lamawanderung. Am besten mit mehreren Tieren, denn sie fühlen sich nur im Herdenverband richtig wohl. Zarte, große Wesen eben und ganz gechillt.

FAZIT: AB ZU DEN LAMAS UND ALPAKAS! EINE TIERISCHE BEGEGNUNG, DIE WIRKLICH ENTSCHLEUNIGT.

Hin & weg: Die Anreise erfolgt am besten mit dem Auto über Hooksiel, Wangerland und dann nach Neu Augustengroden. Einfach so zum Lamahof zu fahren und Tiere zu gucken, ist keine gute Idee, denn der Lamahof ist kein Zoo und als Privatgelände nur bei Wanderungen oder Wochenendaufenthalten zu besichtigen.

Beste Zeit: Frühling, dann blüht alles so schön.

Dauer: Ein ganzes Wochenende. Die Lamawanderung dauert mit Vor- und Nachbereitung ca. 2 Std.

Ausrüstung: Wanderschuhe, Sitzkissen.

Wenn es Nacht wird: Am besten gleich auf dem Lamahof übernachten (www.lamahof-am-sommerdeich.de).

RODENBÄCK
NEU

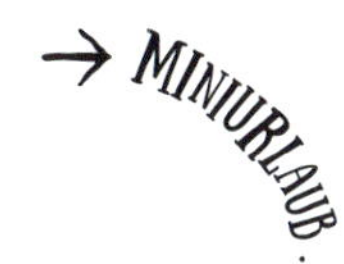

IM ZEICHEN DER KRABBE

#41

Wer sie auf Fischbrötchen sieht, denkt immer, sie seien rosa und krumm. Dabei sind sie klein, gerade gewachsen und grau: Krabben gehören zum Watt wie Ebbe und Flut – und sie sind Teil der Small Five, der fünf wichtigsten Lebewesen des Wattenmeers.

#Sielorte #Krabbenfischer #HafenNeuharlingersiel

Sie hat viele Namen: Kurzschwanzkrebs, Nordseegarnele, Granat oder eben Krabbe. Dieses kleine Tierchen verkörpert die Nordsee wie wohl kaum ein anderes Wesen, vor allem kulinarisch. Wenn die Krabbenfischer in Neuharlingersiel in den Hafen einlaufen, umweht sie auch ein Hauch der alten Zeit, als man vom Leben mit der Natur noch sein Auskommen gestalten konnte. Heute will kaum jemand den harten Beruf des Krabbenfischers ausüben. Denjenigen, die es tun, sieht man an, bei welch schwierigen Wetterbedingungen sie arbeiten. Wind und Kälte haben Furchen in ihre Gesichter gegraben. Je nach Tide laufen sie mit ihren Kuttern in den Neuharlingersieler Hafen ein. Feriengästen verkaufen sie eine kleine Tüte, der Rest geht zum Großhändler.

In Neuharlingersiel begegnet man auf einem Spaziergang immer wieder der Krabbe. Aus dem ehemaligen Rittergut Sielhof, einem Herrensitz aus dem 18. Jahrhundert, der versteckt hinter dem Schöpfwerk liegt, ist längst ein Restaurant geworden mit Krabbengerichten auf der Speisekarte. Anschließend bietet sich ein Spaziergang durch den angrenzenden Park an. Dann aber schnell wieder zum Wattenmeer! Bei einer Wanderung über den Meeresboden knistern die kleinen Tierchen und knabbern auch schon mal an des Wanderers Zehen, wenn diese zu lange im Schlick verharren. Kaum merklich, eher kitzelnd als bedrohlich.

Die Krabbeltiere bewohnen das Wattenmeer nur in der warmen Jahreszeit. Im Winter wandern sie in tiefere Gefilde, bevor sie im April wieder die flacheren Gewässer aufsuchen. Dann fangen nicht nur die Kutter die Krabben in ihren Netzen, nein, auch bei Wattwanderungen lassen sie sich finden. Graue,

Der Hafen in Neuharlingersiel gehört zu den schönsten Sielorten der Nordseeküste. Es gibt sogar einen Sandstrand und alte Gutshäuser.

zehnbeinige Tierchen, die sich manchmal als Silhouetten wie Miniraketen am Wattboden abzeichnen. Gerne treten sie in Gruppen auf, und so kann es sein, dass sich der eben noch fest geglaubte Boden unter den Füßen plötzlich bewegt vor lauter Krabben, die der Spaziergänger in die Flucht geschlagen hat. Sind sie größer, lassen sie sich auch in den Prielen gut ausmachen, zur Freude der Möwen oder Löffler, die dort nach ihnen schnäbeln.

Hin & weg: Die Buslinie 363 fährt ab Esens nach Neuharlingersiel.

Beste Zeit: Frühling, ab April.

Dauer: 2 Tage.

Ausrüstung: Wattschuhe.

Wenn es Nacht wird: Perfekt für Outdoorfans ist das DJH-Resort, es bietet auch Kanutouren und Wattwanderungen an (www.djh-resort.de).

FAZIT: AUF SAFARIS MUSS MAN NICHT IMMER GROßE TIERE SEHEN, MANCHMAL SIND KLEINE AUCH SPANNEND.

FERNAB DER ZIVILISATION

#42

Der wohl abgelegenste Schlafplatz auf den Ostfriesischen Inseln befindet sich im Westen der Insel Spiekeroog: Der Campingplatz direkt hinter den Dünen, so scheint es, liegt am Ende der Welt.

#zelten #OstfriesischeInseln #Dünenleben #draußenschlafen

Camping auf Spiekeroog heißt auch immer alles sturmfest festzurren. Anschließend gibt es dann Teepause.

Manchmal braucht es nur einen Fußweg von einer halben Stunde, um in komplett andere Welten einzutauchen. Wohl nirgendwo sonst in Ostfriesland lässt es sich besser der Zivilisation und der modernen, schnellen Welt entkommen als am Westende von Spiekeroog. Vor allem aber schafft man es dort, die eigenen Pläne nicht mehr so wichtig zu nehmen, denn die werden plötzlich zur Nebensache. Eine Wanderung ins Dorf unternehmen? Das geht auch noch morgen. Reiten gehen? Warum sollte man, wenn es gerade so perfekt schön in den Dünen ist. Ausflugsfahren zu den Seehundbänken? Viel zu stressig.

Nicht umsonst wurde der Zeltplatz von Spiekeroog zu einem der schönsten Naturcampingplätze Europas gewählt. Vielleicht weil er wirklich noch ein richtiger Zeltplatz ist. Einer, an dem man seine Heringe noch fest in den Sand schlagen muss, um sein Zelt zu befestigen. Einer, auf dem nur Zelte stehen. Hier findet man weder Wohnwagen noch Wohnmobile, denn Spickeroog ist autofrei. Ganz im Westen der Insel gibt es Dünen, ein einfaches Sanitärhaus und keine (!) Kochmöglichkeit außer auf der mitgebrachten Gasflasche. Campingstühle mitbringen? Viel zu aufwendig, wer will die schon den 30-minütigen Fußmarsch lang schleppen? Also aufs Wesentliche besinnen.

Keine Termine, keine Pläne, kein Herd – was für den einen fürchterlich klingt, fühlt sich für andere an wie pure Freiheit. Der Wind weckt einen, wenn er morgens am Zelt rüttelt, oder weht beim Frühstück eine Prise Sand in den Tee. Das Tagesprogramm ist überschaulich: einmal über die Dünen stapfen und im Meer baden. Der Strand ist zwar nicht der Schönste hier im Westen, weil die Betonbuhnen ihm viel

Der Strand ist schön flach abfallend, vor allem im Bereich der Sandbank, die wie eine Sichel vor der Insel liegt.

von seiner Breite und Romantik nehmen, aber wen stört das schon? Man wird gelassener, wenn man ohne Handy lebt und ohne Pläne, was morgen anzusehen ist oder wo man essen geht. Einfach nur hier sein, den Wind spüren, das Dünengras im Abendlicht erzittern sehen und sich dann müde ins Zelt fallen lassen. Schließlich ist morgen auch noch ein Tag ...

Hin & weg: Nach Spiekeroog fährt die Fähre von Neuharlingersiel aus.

Beste Zeit: Vor oder nach den Sommerferien.

Dauer: Ein Wochenende.

Ausrüstung: Zelt, Luftmatratze, Campingkocher, Schlafsack, Kochgeschirr, das Nötigste an Lebensmitteln.

Wenn es Nacht wird: Ein Zelt auf dem Campingplatz (www.spiekeroog.de > Anreisen & Buchen > Urlaub buchen > Unterkünfte > Zeltplatz).

FAZIT: WER BRAUCHT SCHON GLAMPING, WENN PURES CAMPING IM EINFACHEN ZELT SO SCHÖN SEIN KANN?

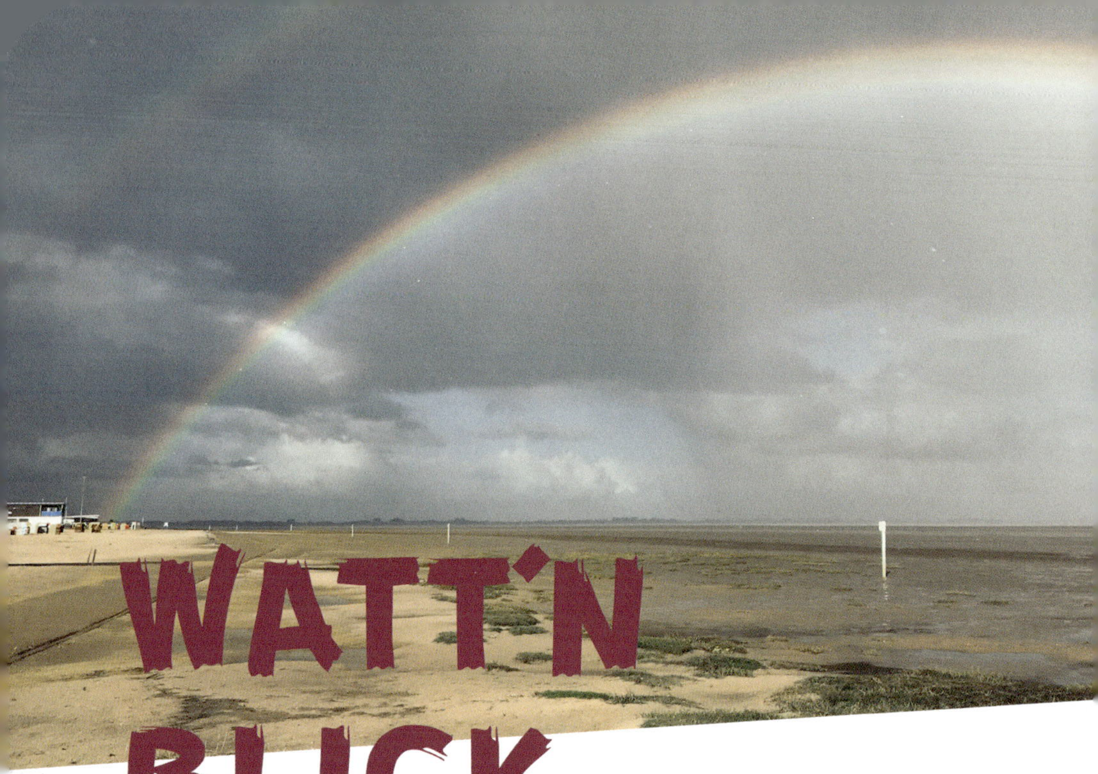

WATT'N BLICK

… am Dangaster Watt

#43

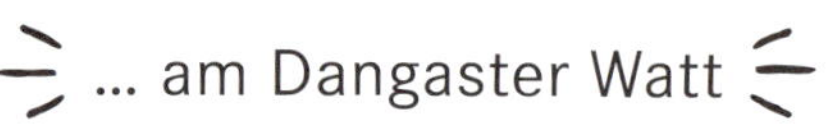

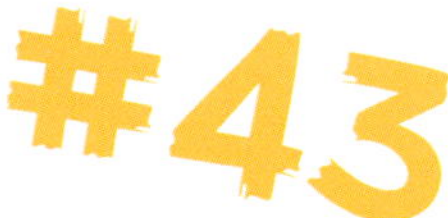

Direkt am Wasser schlafen und das Meer nachts plätschern hören – das ist selten an der niedersächsischen Nordsee. Dangast bietet eine außergewöhnliche Übernachtungsmöglichkeit: einen Zirkuswagen direkt an der Kante des Watts.

#KünstlerstadtDangast #außergewöhnlichübernachten #Zirkuswagen

Camping im Zirkuswagen ist ein besonderes Erlebnis in Dangast mit Logenblick direkt aufs Wasser.

Ein Regenbogen hängt über dem Strand von Dangast. Irgendwie scheint hier immer April zu sein, jedenfalls, was das Wetter betrifft. Selbst im September zeigt sich das Wetter unbeständig und beinhaltet mehrere Jahreszeiten in wenigen Stunden. Gerade scheint die Sonne friedlich, und im nächsten Moment zieht sich der Himmel zu und lässt aus schwarzen Wolken dicke Tropfen regnen. Doch genau das macht die Nordsee aus, Reizklima eben. Bei dieser Unbeständigkeit ist es gut, ein festes Dach über dem Kopf zu haben, etwa einen Zirkuswagen. Er befindet sich auf dem Strandcampingplatz von Dangast und bietet etwas ganz Seltenes an der Festlandküste der Nordsee: freien Blick auf das Watt.

Blau-weiß gestreift leuchtet der umgebaute Bauwagen am Rande des Campingplatzes. Mit Stoffzaun ist das kleine Grundstück rundum eingefriedet, Liegen stehen parat. Von außen wirkt der Wagen ganz schön klein. Gibt es darin überhaupt genug Platz? Spätestens wenn man die Tür öffnet, überrascht er als Raumwunder, denn innen ist es wirklich geräumig, sogar eine kleine Küchenzeile ist eingebaut. Doch die muss warten, denn das Wetter ist gerade schön, und Dangast lockt.

Direkt vor dem Zirkuswagen führt die Promenade entlang, sie führt in das kleine Zentrum des Orts. Sogar einen der am Festland so raren Sandstrände gibt es hier, doch es lohnt sich weiterzugehen. Der Weg führt durch ein kleines, schattiges Wäldchen mit hübschen, alten Villen am Rand und mündet in einen Künstlerkosmos. Rund um das Café Kurhaus haben sich kleine Lädchen mit außergewöhnlichen Dingen etabliert. Ein Stück Rhabarberkuchen im Kurhaus gehört zu einem Besuch in Dangast unbedingt dazu, bevor es an den Kunststrand geht.

Der nächste Tag bietet sich für eine Radtour nach Varel an, bis zur alten Scheune führt der Weg über Marschwiesen. Mit etwas Glück sieht man auch außergewöhnliche Vögel wie Seidenreiher. Am Hafen locken die kleinste Kneipe Deutschlands und ein Museum mit Kuriositäten, bevor es per Rad wieder zurück geht in den Nordseekarren. Das Schönste daran ist seine Klönschnacktür, deren untere Hälfte sich schließen lässt, während die obere offen bleibt. So ist der Blick besonders nachts auf das leuchtende Wilhelmshaven am ande-

Der berühmte rot-weiße Arngaster Leuchtturm ist in Dangast fast überall in Sichtweite, besonders schön aber ist der Spaziergang am Kunststrand.

ren Ende des Jadebusens gesichert, während der kühle Wind draußen bleibt. Wenn die Tide es zulässt, hört man nachts auch die Flut heranbranden mit ihren Wellen.

FAZIT: EIN ROMANTISCHES ABENTEUER MIT EINER PRISE KUNST.

Hin & weg: Mo–Fr fährt ein Bus (Linie 253) vom Bahnhof Varel nach Dangast. Wer zwischendurch Bus fahren möchte, etwa nach Wilhelmshaven, kann den Urlauberbus nehmen (www.urlauberbus.info). Mit dem Auto geht es über die A29, Abfahrt Varel/Bockhorn, Richtung Dangast.

Beste Zeit: Spätsommer.

Dauer & Strecke: Ein Wochenende. Von Dangast nach Varel sind es etwa 9 km (ca. 30 Min. Fahrzeit).

Ausrüstung: Das Komplettpaket Bettwäsche muss mitgebracht werden, ebenso Handtücher. Ein Rad kann vor Ort geliehen werden.

Wenn es Nacht wird: Infos zum Übernachten im Zirkuswagen unter www.dangast.de

---

56
91
99
76

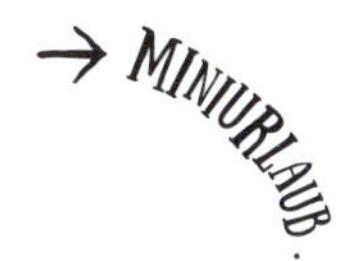

MEERES-LEUCHTEN

#44

Meeresleuchten ist ein wirklich beeindruckendes Phänomen. Wer glaubt, das gäbe es nur in der Karibik oder in Asien, der hat sich gewaltig getäuscht. Mit etwas Glück lumineszieren im Sommer auch die Nordseefluten.

#Algenzauber #Floureszenz #Nordseebynight

Wenn die Sonne sich senkt, wird es spannend. Dann heißt es warten und Geduld zeigen. Vielleicht hat man einen guten Tag erwischt und kann das Meeresleuchten beobachten.

Wenn sich das Meer rosa färbt, sind die meisten Menschen eher erschrocken als verzückt und vermuten unter Umständen Umweltschäden. An sehr warmen Sommertagen breitet sich die Alge Noctiluca in Ufernähe aus und färbt das Salzwasser braun oder eben rosarot. Wo so mancher beginnt, sich vielleicht vor dem Baden zu ekeln, freut sich der andere wissend, merkt sich die Stelle und kehrt einige Stunden später nach Sonnenuntergang zurück. Denn dann verwandelt sich das dunkle Meer in ein bezauberndes Lichterspiel, das man an Land nur von Glühwürmchen kennt.

Die Meeresalge Noctiluca stößt bei Bewegungen Lichtblitze aus, die wie Ministerne in den Fluten aufblitzen oder am Strand sandkorngroß aufleuchten. Dann kann das Wasser oder der Strand beinahe wie flüssige Lava aussehen und ein eindrucksvolles Leuchtspektakel hervorbringen. Manchmal muss man das Wasser selbst etwas bewegen, hin und wieder leuchtet in den Wellen, die sich brechen, ein langer, waagerechter Blitz auf – Meeresleuchten hat zahlreiche Gesichter.

Es ist ein Phänomen sehr heißer Sommertage. Mit der Hitze findet die Alge die besten Bedingungen, sich überdurchschnittlich stark zu vermehren. Leider ist das rasche Wachstum der rosa Teppiche nicht nur ein gutes Zeichen, sondern auch ein Indikator für die Überdüngung der Meere und einen erhöhten Nitratgehalt im Wasser, der ebendieses Algenwachstum fördert.

Der blau-grüne Lichtblitz ist übrigens eine raffinierte Erfindung, der die Einzeller vor Fress-

Falls das Meeresleuchten sich nicht blicken lässt, ist es auch schön im gekaperten Strandkorb.

feinden schützt. Das Lumineszieren schützt die Algen. Es tritt oftmals dann auf, wenn ein Krebs eine Alge frisst und bewegt. Das helle Leuchten der Alge lockt Fische an, die die Krebse fressen, und schützt somit weitere Algen davor, von ihren Feinden gefressen zu werden. Ein ausgeklügeltes System!

Die »Rote Tide«, wie das Meeresleuchten auch genannt wird, lässt sich am Festland und auf den Inseln beobachten. Es gibt sogar spezielle Führungen dazu. Doch man kann es auch selbst versuchen. Dazu braucht man nur eines: Flut, heiße, nordische Sommernächte und viel Geduld.

FAZIT: BESSER ALS GLÜHWÜRMCHEN-ABENDE – MEERESLEUCHTEN IST EIN EINMALIGES NATURSCHAUSPIEL.

Hin & weg: Nach Juist fährt die Fähre von Norddeich.

Beste Zeit: Im Spätsommer.

Dauer: 2 Tage.

Ausrüstung: Eine Kamera.

Wenn es Nacht wird: Das Bio-Hotel AnNatur bietet eine schöne Unterkunft für alle, die es nachhaltig mögen (www.annatur.de).

ZU FUẞ AUF DIE INSEL

… Wattwanderung nach Baltrum

#45

Eine Insel zu Fuß erreichen, das ist schon etwas Besonderes. Die Ostfriesischen Inseln Norderney, Spiekeroog und Langeoog lassen sich vom Festland aus erwandern. Und Baltrum, die kleine. Also Rucksack minimalistisch packen und ab auf die Insel.

#klimafreundlich #WanderungaufdemMeeresgrund #nachhaltigreisen

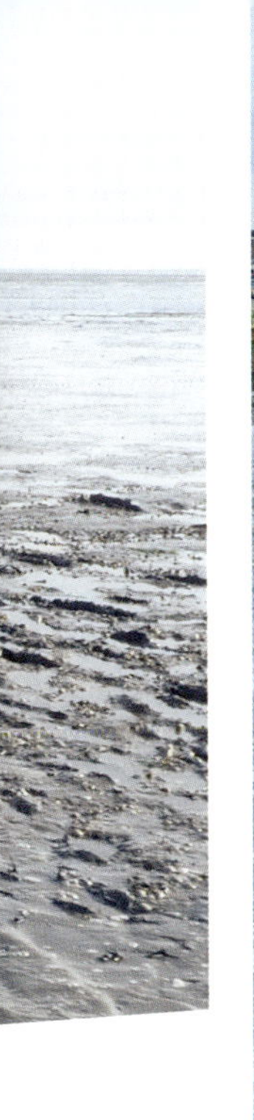

Am Hafen von Nessmersiel startet die Tour zu Fuß durchs Watt auf die Insel Baltrum.

Nessmersiel scheint ja schon am Ende der Welt zu sein, aber der Hafen setzt noch einen drauf. Ewig lang schlängelt sich die Straße vom Ort bis zum Watt. Wer Bus fährt, hat Glück, denn vom erhöhten Platz aus hat man die beste Sicht. Die Morgensonne beleuchtet gerade die goldenen Felder.

Während Busgäste normalerweise die Fähre ansteuern, geht es für die Inselwanderer zum Parkplatz. Dort stehen die Wattführer, die ihre Gäste zu Fuß auf die Insel führen. Wer wattwandern will, muss gut ausgerüstet sein. Dazu gehören vor allem die Schuhe. Manche Wanderer tragen spezielle Wattschuhe, andere einfache Sneaker – alle werden später voller Matsch und Dreck sein.

Das Watt kommt später. Zunächst führt der nicht ausgeschilderte Wanderweg durch die Zwischenzone aus Watt und Land: die Salzwiese, einen Lebensraum mit besonderem Bewuchs. Die Pflanzen dort müssen salzwasserresistent sein. Das kann man auch schmecken, der Queller beispielsweise ist gleichzeitig salzig und knackig. Doch für lange Naschpausen bleibt keine Zeit, die Wanderer müssen Strecke machen. Im Gegensatz zur

Die Sonne lässt die Pfützen im Watt wunderbar glitzern. Das Lichtspiel ist immer wieder einmalig schön.

Fähre schlagen sie einen großen Bogen. Einen Weg, den man ohne kundigen Führer nicht finden würde, denn in der Weite des Watts, das jeden Tag zweimal vom Meer überspült wird, gibt es weder Trampelpfade noch eine Beschilderung. Es ist allein die Erfahrung, die dem Wattführer den Weg weist.

Allein über den Meeresboden zu gehen ist lebensgefährlich. Nicht überall bleibt der Grund trittfest, an manchen Stellen ist er derart schlickig, dass man seine Füße nicht mehr herausbekommt und stecken bleibt. Wenn dann die Flut kommt, gibt es kein Entkommen. Wattführerin Bianca kennt zum Glück die besten Stellen, um diese Gefahr zu umgehen. Dennoch schmatzt es bei jedem Schritt unter den Sohlen, grauer Schlick spritzt bis an die Waden. Manchmal führt der beste Weg über Muschelbänke, manchmal direkt durch einen Priel, und bisweilen reicht das Wasser bis zur Hüfte. Ein Sonntagsspaziergang ist diese dreistündige Wanderung nicht.

Das Watt ist jeden Tag anders, mal sind die Priele mehr gefüllt, mal weniger. Voraussehen lässt es sich kaum. Nur noch einen Priel muss man umwandern, dann ist es geschafft: Man erreicht die Nordseeinsel Baltrum. Den ersten Schritt auf das feste Land zu setzen ist etwas Besonderes. Eine Insel zu erwandern erzeugt fast so ein erhabenes Gefühl, wie einen Gipfel bestiegen zu haben. Zwar war die Strecke flach, aber der Wanderer hat immerhin den Nordseeboden überquert.

Auf Baltrum wartet eine Fußwaschanlage, und dann aber nichts wie ab zum Strand. Mit etwas

An manchen Tagen ist das Wasser im Watt glatt wie ein Spiegel, der Wattführer erzählt unterwegs Wissenswertes.

Glück ist das Wetter noch schön und lädt ein zum Wellenkino. Die Insel erkunden? Das kann man auch noch morgen, so groß ist sie ja nicht.

FAZIT: INSELN ERWANDERN IST EIN WENIG WIE GIPFEL ERKLIMMEN.

Hin & weg: Mit dem Bus nach Nessmersiel zum Fähranleger und dann weiter zu Fuß.

Beste Zeit: Früher Herbst.

Dauer: 3,5 Std. Wattwanderzeit, muss mit Führer gebucht werden.

Ausrüstung: Wattfeste Turnschuhe, Regenjacke, Kamera, Rucksack für das Wochenende, Proviant.

Wenn es Nacht wird: Ab ins Naturhotel Baltrum, dort ist alles ökologisch durchdacht (www.naturhotel-baltrum.de).

ZWEITE HAUT AUS NEOPREN

Es ist grau und nass, und so soll es erst einmal bleiben. Bedeckter Himmel, Wind und Nieselregen. Wenn die Wetter-App solche Aussichten weissagt und typischer Nordseeherbst den Friesennerz aus dem Schrank lockt, ist Neopren eine gute Alternative. Auf zum Schnuppersurfen!

#Surfschule #allerAnfangistschwer #mitdemWind #insWasserplumpsen

Ein Dorf aus Holzhütten?
Dort können nur Surfer leben.

→ Miniurlaub …

Beim Surfen ist das Wetter egal, Hauptsache, der Wind stimmt. Für Wind ist die Nordsee nun einmal bekannt, und Flaute ist selten. Besonders Regentage im Spätsommer oder Frühherbst eignen sich zum Surfen, denn dann ist das Badewasser noch warm, und die kleine Bucht am Hafen hat in den wenigen Stunden zwischen Niedrig- und Hochwasser eine perfekte Stehhöhe, um darin surfen zu lernen.

Trotz des grauen Wetters wimmelt es auf dem Wasser vor bunten Segeln. Viel exotischer als die Farben auf dem Wasser zeigt sich aber die Szenerie an Land. Mit ihren kleinen Holzhäusern auf Stelzen zieht das Gelände der Surfschule schon von Weitem Neugierige an. Es ist ein Platz, wie er auch in Hawaii oder Südamerika zu finden wäre: feiner, heller Sand, ein Minidorf aus kleinen Holzhütten, draußen angebrachte Waschbecken, und überall stehen Surfbretter herum. Diese Surfschule macht schon allein mit ihrem Hippieambiente gute Laune.

Schnell einen Neopren ausleihen und auf zur Umkleide. Eingemummelt in den Gummianzug, stören weder Kälte noch Regen. So geschützt, kann es losgehen. Zunächst erklärt die Surflehrerin die wichtigsten Kniffe. Sie stellt sich mit dem Brett auf den Sand, zeigt, wie man das Segel hält, und fordert erste Balanceübungen ab. Dann geht es aufs Wasser. Oder, um ehrlich zu sein, ins Wasser. Denn die ersten Versuche, auf dem Surfbrett zu balancieren, dauern nicht länger als wenige Sekunden, dann macht es »Platsch«, und man findet sich in der Nordsee wieder. Also wieder rauf aufs Brett und einen erneuten Versuch wagen. Doch schon bald befindet man sich wieder im Wasser, platsch. Jetzt bloß nicht entmutigen lassen, platsch.

Allein die Stimmung an der Surfschule erinnert an Hippieleben und macht gute Laune. Anfänger sollten sich nicht entmutigen lassen, wenn sie im Wasser landen.

Während man am Anfang glaubt, es nie zu schaffen, kommt irgendwann der Umbruch. Die Zeit auf dem Brett dehnt sich von Sekundenbruchteilen auf Minuten aus. Die Abstände zwischen den unfreiwilligen Badeeinheiten werden größer. Zum Schluss blitzt sogar eine kleine Ahnung davon auf, was es heißt, auf dem Wasser zu gleiten und in den Geschwindigkeitsrausch beim Surfen zu kommen. Die Anstrengung und das Erfolgserlebnis sorgen für Glückshormone im Blut. Die Sehnsucht nach dem Gleiten ist geweckt. Da kann das Wetter noch so grau sein, die Laune nach dem Surfen ist einfach sonnig. Verständlich, dass die Surfer immer ein Lächeln auf dem Gesicht tragen.

FAZIT: SURFEN KANN SÜCHTIG MACHEN. FÜR FOLGEKOSTEN DES ANSCHLIEßEND GEBUCHTEN SURFKURSES ÜBERNEHMEN WIR KEINE HAFTUNG.

Hin & weg: Die Anreise nach Norderney erfolgt mit der Fähre. Die Surfschule lässt sich zu Fuß oder per Rad erreichen, sie liegt hinter dem Sportboothafen südlich des Fährhafens.

Beste Zeit: Spätsommer. Nach den Sommerferien ist das Wasser noch schön warm. Wer möchte, bucht einen Schnupperkurs für 2 Std. (www.surfschule-norderney.de).

Dauer: Nach Absprache, ein Schnuppersurfkurs dauert etwa 2 Std.

Ausrüstung: Handtuch, Badeanzug.

Wenn es Nacht wird: Das Badehaus in Norderney liegt nicht nur zentral, sondern bietet auch kleine Apartments, die direkt an das Thalassozentrum der Insel angeschlossen sind (www.norderney.de > bade:haus norderney).

344

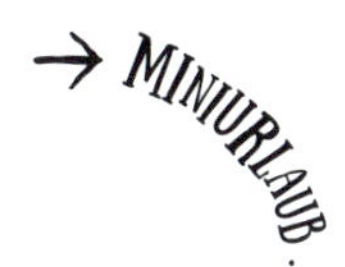

AUF DIE LANGE INSEL

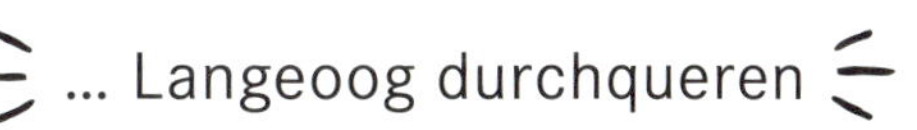

Dieses Licht! Es gibt wohl keine Jahreszeit, die auf den Ostfriesischen Inseln derart schön ist wie den Herbst. Deswegen sollte man sich unbedingt ein Fahrrad schnappen und Langeoog durchqueren.

#OstfriesischeInseln #Inselradeln #Nordseeherbst

Zwischen den Dünen scheint der Radweg nie enden zu wollen – Langeoog heißt nicht umsonst die lange Insel.

Ein Wochenende auf Langeoog ist eigentlich immer eine gute Idee. Doch im Herbst ist es am schönsten. Dann sind die Schatten schon wieder länger, die Sonnenstrahlen milde, und alles hat einen fröhlichen Gelbschimmer. Schon bei der Ankunft beginnt man zu entschleunigen, denn dort heißt es umsteigen auf die Inselbahn. Die bunten Waggons schuckeln ihre Fahrgäste zum einzigen Ort der Insel.

Gleich am Bahnhof reihen sich die Fahrradverleihgeschäfte aneinander. Wer ein paar Tage gebucht hat, sollte auf jeden Fall aufs Rad umsteigen, denn die Insel heißt nicht umsonst Langeoog, sie ist wirklich lang. Die Strecke durch die Dünen ist zwar wunderschön, aber zu Fuß zieht sie sich unter Umständen enorm. Wer also vom Dorf ans Ostende will (übrigens der schönste Teil der Insel), schwingt sich in den Sattel und peilt zunächst die Melkhörndüne an. Sie ragt immerhin 20 Meter aus der Landschaft empor und lässt sich über eine Treppe besteigen. Ein weiter Panoramablick belohnt die Mühe. Von dort aus geht es weiter gen Osten zu einem ebenfalls interessanten Punkt: Die Vogelwarte liegt als kleines Häuschen und Museum ebenfalls auf dem Weg. Besonders schön sind die windschiefen Bäume rückseitig des Hauses.

Der Wasserturm ist das Wahrzeichen Langeoogs. Er bleibt lange im Blickfeld und bietet auch auf dem Rückweg einen guten Orientierungspunkt.

Pferdekutschen überholen den Radler, denn sie fahren fast als Linienverkehr zur Meierei, einem beliebten Ausflugslokal der Insel. Von dort aus ist es nicht mehr weit bis zum Ostende, dem Osterhook. Dort heißt es Rad abstellen und die Weite des wilden Ostens genießen. Leider hat meistens auf dem Rückweg der Wind gedreht und kommt von vorn, das sollte man bei der Kräfteeinteilung schon bedenken. Der Rückweg dauert daher viel länger als erwartet. Doch es lohnt sich, die Sache nicht so verbissen und auf Geschwindigkeit konzentriert anzugehen. Viel zu schön sind die Stopps am Rand, etwa bei den weißen Kühen, bei Pferden oder Bänken, von denen aus man einen herrlichen Blick auf die Salzwiesen hat. Wer nach dem Radeln noch genügend Energie hat, geht nach der Tour an den Strand. Und der Westen der Insel mit dem berühmten Flinthörn? Dort kann man auch morgen noch hinradeln – das ist das Schöne, wenn man drei Tage auf der Insel weilt.

Hin & weg: Nach Langeoog fährt die Fähre von Bensersiel aus.

Beste Zeit: September, Oktober, dann ist es noch warm genug, um zu baden (für Mutige).

Dauer & Strecke: Insgesamt 3 Tage. Die rund 24 km lange Radrundtour dauert ca. 2,5 Std.

Ausrüstung: Übernachtungskoffer, Sportschuhe, wetterfeste Kleidung, Fernglas zur Vogelbeobachtung.

Wenn es Nacht wird: Das Hotel Kolb ist im 1970er-Jahre-Retrostil eingerichtet und bietet originelle Zimmer (www.hotel-kolb.de).

FAZIT: NORDSEEWIND IM HAAR, DÜNEN RECHTS UND LINKS, UND AM ENDE WARTET WILDE NATUR.

ZUGVOGEL-SHOW

#48

Im Herbst sind nicht nur Ostfrieslands Wälder üppig, sondern auch die Küstengebiete: Tausende von Zugvögeln futtern sich vor dem Flug in den Süden an der Nordsee Reserven an – und lassen sich gut beobachten, etwa an der Leybucht.

#Vogelflimmern #Zugvogelwochen #Leybucht #Krummhörn

Kiebitze und Möwen zeigen sich im Herbst oft, vor allem in den Wiesen auf der Krummhörn. Manchmal muss es schnell gehen, also Fernglas immer griffbereit halten.

Es ist, als löse sich die Luft plötzlich in schwarze Staubpartikel auf. Alles flirrt und schwebt, tanzt gemeinsam zu kreisrunden Formationen, um sich sofort wieder neu zu finden: Der Tanz der Stare ist ein faszinierendes Schauspiel. Plötzlich sind sie da, tauchen aus den Feldern auf und verschwinden so schnell, wie sie gekommen sind. Eine Wolke aus Tausenden von Vögeln. Einzelne Individuen, die sich allein dadurch schützen, dass sie gemeinsam

Wenn man ein Fernglas dabeihat, kann man besser erkennen, was sich in der Ferne bewegt.

ein Ganzes bilden und den Feind mit ebendiesem Ganzen völlig aus dem Konzept bringen. Greifvögel wie Bussarde oder Habichte haben kaum eine Chance, einen Star aus dieser Masse zu fischen, zu dicht gedrängt flattern die Vögel miteinander.

Wer im Oktober an der Nordsee ist, wird nicht nur den Tanz der Stare beobachten können, sondern noch ganz andere Phänomene. Wenn Kiebitze etwa aufflattern, flimmert es kurz in der Luft: erst weiß, dann folgt ein schneller Grünschimmer der schillernden Schwungfedern. Die taubengroßen Vögel mit den Federpuscheln am Hinterkopf lassen sich genauso beobachten wie Seidenreiher, Rotschenkel oder Brandgänse. Sogar der Löffler mit seinem markanten Schnabel ist wieder häufig an der Nordsee zu sehen.

Wenn die Zeit reif ist und die Zugvögel sich am Leyhörn tummeln, kann man sie eigentlich gar nicht übersehen, egal, zu welcher Tageszeit man unterwegs ist. Doch am schönsten ist es immer noch in der Morgendämmerung. Am besten setzt man sich mit einer Thermoskanne voller Tee in ein Beobachtungshäuschen. Man nimmt eine Bewegung wahr, wenn Möwenschwärme mit dem ersten Morgenlicht flügelschlagend durch die Lüfte sausen, aber vor allem dieses Geräusch. Es ist laut und vielstimmig, wenn Tausende von Vögeln fröhlich schnattern und zwitschern. Glücklich ist, wer ein ganzes Wochenende in Greetsiel ist. Dann kann man nicht nur vor dem Morgengrauen aufstehen, sondern auch nachmittags auf Vogelerkundungstour gehen, etwa bei einer Wanderung zum Pilsumer Leuchtturm.

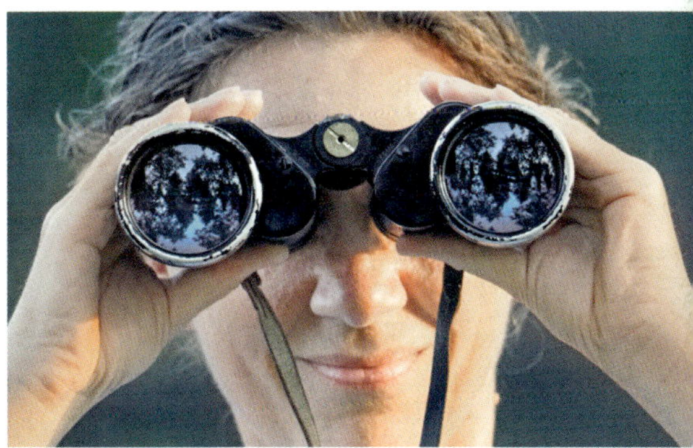

FAZIT: DAS BALLETT DER STARE IST EIN FASZINIERENDES HIMMELSSPEKTAKEL, DAS LEIDER SEHR SELTEN GEWORDEN IST. ZUM GLÜCK IST ES AN DER NORDSEE NOCH HÄUFIG ZU SEHEN.

Hin & weg: Nach Greetsiel fährt der Bus von Emden.

Beste Zeit: Oktober.

Dauer: 2–3 Tage.

Ausrüstung: Fernglas, Bestimmungsbuch, Sitzkissen, Thermoskanne, Fotoapparat.

Wenn es Nacht wird: Auf dem Bauernhof Akkens werden schöne Zimmer zu einem guten Preis-Leistungs-Verhältnis vermietet. Das Beste daran: Sie liegen nahe der Vogelgebiete (www.akkens.de).

NOVEMBER-BLUES, ADE

... Herunterkühlen auf Borkum

Im November auf die Insel? Klar, warum denn nicht? Erst wenn der kühle Wind die Wangen rot gepustet hat, beginnt Abhärtung im Körper. Also auf nach Borkum zum Herunterkühlen für den Winter.

#größteOstfriesischeInsel #Schietwetter #Hochseeklima

Kalt und windig? Bestes Wetter, um sich dem Nordseeklima zu stellen und den Winter willkommen zu heißen.

Manchmal kann man ihn nicht mehr hören, diesen an der Nordsee viel zitierten Spruch: »Es gibt kein schlechtes Wetter, nur schlechte Kleidung.« Wenn die dicken Tropfen schon am Morgen gegen die Fensterscheibe platschen und man sich eigentlich nur die Decke über den Kopf ziehen möchte, genau dann gibt es eben doch schlechtes Wetter. Und das ist typisch für den November.

Nach dem Farbrausch im Oktober zieht der November mit seinem Grau durch die Lande. Eine Zeit, in der man sich viel zu oft hinter die Heizung verkriecht, dem Sommer nachtrauert und leicht in einen Novemberblues verfällt. Besser ist es, den Körper für den Winter fit zu machen, das schlechte Wetter nicht zu meiden, sondern zu suchen, um den Körper an die Kälte zu gewöhnen. So richtig schlecht bleibt das Wetter auf den Inseln meistens nicht. Irgendwann zeigt sich die Sonne dann doch.

Wanderungen sind vor allem in Borkums Osten möglich. Der Inselbus fährt bis Ostland.

An manchen Tagen regiert das Grau in der Landschaft. Wer trotzdem rausgeht, wird meistens noch mit etwas Sonne belohnt, denn die zeigt sich am Ende immer irgendwann.

Dort startet die längste Wanderung auf der Insel. Gut zwölf Kilometer misst der Weg zum Hooge Hörn und zurück. Schon der Beginn ist vielversprechend, denn er führt durch die Weite der Dünenlandschaft. Was so nah aussieht, erweist sich bald als weiter weg als gedacht, doch die Landschaft ist alles andere als eintönig. Zunächst geht es in Richtung Sternklipp auf den Aussichtspunkt. Von dort aus peilt der Weg den breiten, wunderschönen

Strand an. Direkt am Wasser geht es nun weiter zum Ostende der Insel, dem Hooge Hörn. Bei gutem Wetter ist von dort sogar die rund sechs Kilometer entfernte Vogelinsel Memmert zu sehen. Ewig lang lässt es sich durch die Weite des Strandes spazieren. Ein rotes Andreaskreuz zeigt den richtigen Düneneinstieg an, um wieder am Ausgangspunkt der Wanderung anzukommen.

Am nächsten Tag geht es wieder in den Osten der Insel, doch dieses Mal nicht so weit. Auf dem Tüskendördeich ergibt sich ein Blick über die Salzwiesen bis hin zum Tüskendörsee. Ein Panorama, das selbst bei Regen schön anzuschauen ist. Die Wanderung lässt sich gut verlängern bis zur Aussichtsdüne Sternklipp. Aber Achtung: Die Wanderwege, die dort beginnen, sind vor allem im Winter oftmals überspült. Die Landschaft ist hier zwar am schönsten, aber manche Wege verwandeln sich in Bäche. Deswegen lieber zurück zum Ostland gehen und mit dem Bus ins Dorf fahren.

FAZIT: SCHLECHTES WETTER KANN EIN GRUND SEIN, ERST RECHT RAUSZUGEHEN.

Hin & weg: Nach Borkum fährt die Fähre ab Emden.

Beste Zeit: November.

Dauer & Strecke: 3 Tage. Ca. 3 Std., 12 km.

Ausrüstung: Regenfeste Kleidung, wasserfeste Wanderschuhe, Proviant, Handy mit GPS-Daten.

Wenn es Nacht wird: Das Arthotel Bakker bietet moderne Zimmer zum guten Preis-Leistungs-Verhältnis (www.arthotel-bakker.de).

ZWISCHEN DEN TÜRMEN

 … Bahnwandern auf Wangerooge 

Auf Wangerooge gibt es die wohl schönste Zugfahrt Deutschlands: Die kleine Inselbimmelbahn schuckelt vom Fähranleger durch die Salzwiesen. Viel zu schade, dieses Vergnügen nur bei der Anreise zu genießen. Deswegen: einfach in den Zug setzen und zum Fähranleger zuckeln.

#OstfriesischeInseln #Bahnfahren #Salzwiesen #Leuchtturm

Der Westturm von Wangerooge ist von fast jedem Ort auf der Insel aus zu sehen. Er stammt aus dem Jahr 1932 und wird heute als Jugendherberge genutzt.

Manche Dinge gehen einfach zu schnell vorüber. So ist das mit der Bahnfahrt von der Fähre nach Wangerooge-Dorf. Da hilft auch das Schritttempo nichts, mit dem der Zug durch die Landschaft zuckelt. Es sind Ausblicke, die für immer bleiben. Die kleinen Lagunen, die sich durch die Salzwiesen schlängeln, die Enten, die pfeilförmige Wellen ins Wasser schwimmen, die leuchtenden Farben der Pflanzen. Vor allem im Winter ist die Inselbahn kaum ausgebucht. Also einsteigen und die Fahrt bis zum Fähranleger genießen. Am besten auf den kleinen Terrassen zwischen den Waggons. Dort weht einem die Nordseeluft um die Nase, und man hört das Schnaufen des Zuges ebenso wie die Rufe der Vögel.

Nach 20 Minuten Fahrt heißt es dann aber Wanderschuhe schnüren. Nun beginnt der Spaziergang durch den eher einsamen Westen Wangerooges. Der große Westturm, aus dunklen Backsteinen gebaut, ist Wahrzeichen der Insel, das bis nach Harlesiel zu sehen ist. Errichtet wurde der 54 Meter hohe Turm im Jahr 1932, nachdem sein Vorgänger im Ersten Weltkrieg weggesprengt worden und der erste Westturm aus dem 14. Jahrhundert einer Sturmflut zum Opfer gefallen war. Sie alle ähnelten stark der heutigen Variante, deren stei-

Um die zahlreichen Vögel zu entdecken, die auf der Mole Schutz vor dem Wind suchen, muss man schon ziemlich genau hinschauen.

les Dach in drei Spitzen ausläuft. Eine perfekte Landmarke für die Wanderung durch den Westen, die vom Fähranleger zunächst immer auf den Westturm zusteuert, bevor sie zum buhnengeschützten Strand führt. Die Strecke schlägt einen Bogen, führt zum Neuen Leuchtturm und schließlich zum Hauptstrand.

Am nächsten Tag lockt der andere Teil der Insel. Im Osten zeigt Wangerooge ein völlig anderes Gesicht. Während der Strand direkt am Dorf eher schmal ist, wird er im Osten breit und gleicht einer Sandbank. Der Weg ist nicht lang, er kann hin direkt am Meer gegangen werden und zurück durch die Dünen.

FAZIT: MIT DEM ZUG ZUM WANDERN ZU FAHREN MACHT AUF WANGEROOGE BESONDERS VIEL SPAß.

Hin & weg: Mit der Inselbahn zum Fähranleger. Die Bahn richtet sich nach dem Fahrplan der Fähre, und der ist tideabhängig, also jeden Tag anders (www.siw-wangerooge.de > Fahrpläne > Linienverkehr).

Beste Zeit: Im goldenen Nachmittagslicht im Spätherbst oder frühen Winter.

Dauer & Strecke: Wanderung ca. 9 km, 2–3 Std. Insgesamt ein Wochenende.

Ausrüstung: Kamera, Wanderschuhe, Verpflegung im Rucksack.

Wenn es Nacht wird: Modern und gut gelegen sind die Apartments Upstalsboom (www.upstalsboom-aparthotels.de).

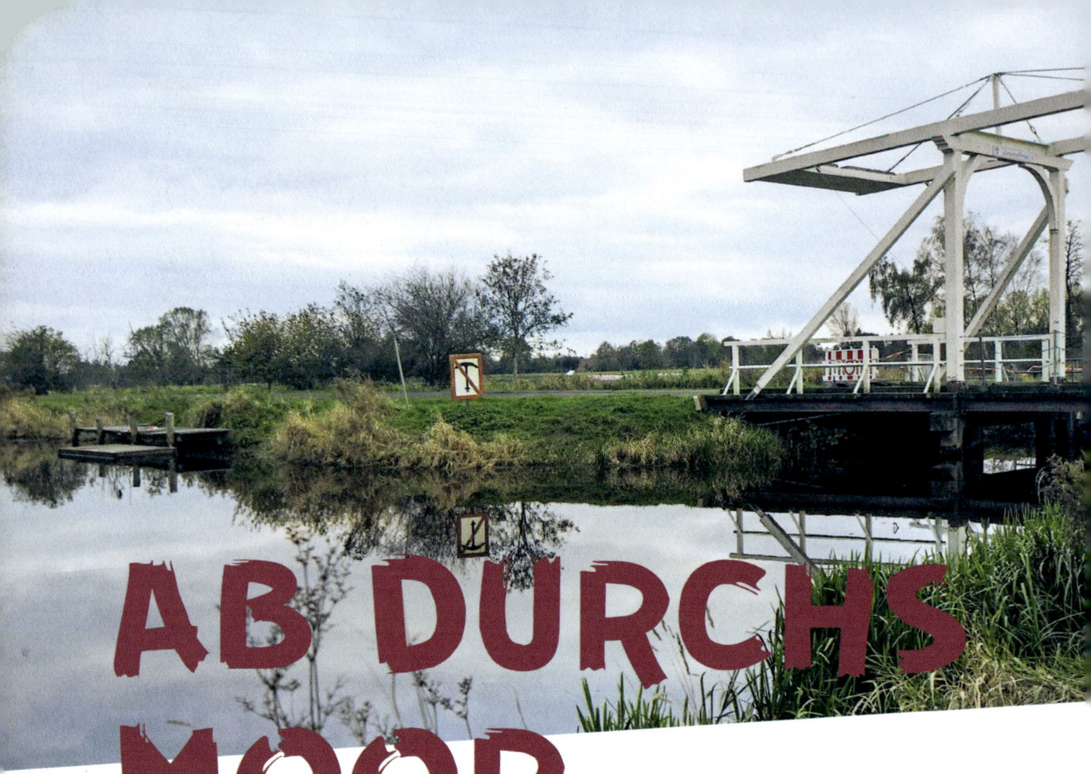

AB DURCHS MOOR

... per Rad auf der Fehnroute

#51

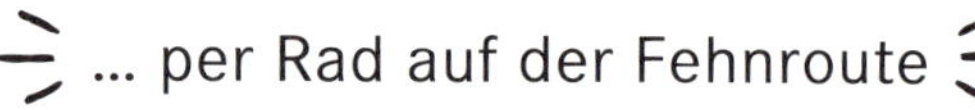

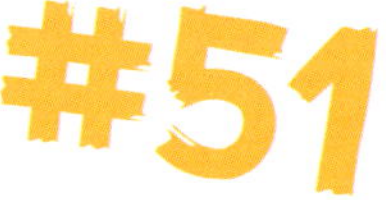

Weiße Klappbrücken, kleine Kanäle und niedrige Häuser am Wasser – die ostfriesische Fehnlandschaft ist einmalig in Deutschland. Am besten lässt sie sich mit dem Fahrrad erkunden, und das nicht nur im Sommer. Wie wäre es mit einer Herbst- oder Wintertour?

#Fehnkultur #Moormerland #immeramKanalentlang #Winterradeln

Die Fehnlandschaft in Ostfriesland ist geprägt von Kanälen, Brücken und Weite.

Wenn der Nebel über den kleinen Kanälen schwebt und die Brücken in weiße Schwaden hüllt, ist die schönste Zeit für die Fehnlandschaft Ostfrieslands. Es ist eine Landschaft, die manche vielleicht an Gemälde von Vincent van Gogh erinnert. Hat der Maler nicht auch immer diese weißen Klappbrücken gemalt? Doch warum heißt dieser Landstrich eigentlich so? Fehn ist kein Rechtschreibfehler, weil jemand ein elfengleiches Wesen falsch geschrieben hat. Als »Fehn« bezeichnet man eine Moorlandschaft, das Wort ist dem niederländischen »Veen« entlehnt, was so viel wie Moor heißt.

Der Landstrich, in dem viele Orte auf -fehn enden, trägt seinen Namen nicht umsonst: Moormerland. Wo heute Höfe und Dörfer stehen, befand sich bis ins 17. Jahrhundert tiefstes Moor. In harter Arbeit schlugen die Menschen per Hand Entwässerungsgräben in die Landschaft, um dort zu siedeln, und gründeten die ersten Moorsiedlungen. Noch heute kennzeichnet die Endung -fehn Ortschaften als Moorsiedlungen. Wie armselig die Menschen in einfachen Lehmhütten dort lebten und den gestochenen Torf im Winter verfeuerten, darüber informieren die Moormuseen, die sich auf der Strecke befinden. Was heute so zauberhaft wie ein Bilderbuch anmutet, ist in Wirklichkeit historisches Zeugnis eines Lebens großer Entbehrungen.

Die Fehnroute bietet wohl die beste Möglichkeit, die Landschaft in ihrer Schönheit zu entdecken. Gestartet wird in Jhringsfehn. Es ist ein typisches Reihendorf, dessen Häuser sich entlang des Fehnkanals erstrecken. Über Beningafehn geht es nach Gut Stikelkamp und weiter nach Timmel. In Westgroßefehn zeigt sich die Landschaft von ihrer schönsten Seite, eine Klappbrücke folgt der nächsten, Windmühlen, Staudämme mit Wasserfällen und die typisch niedrigen Backsteinhäuser sind charakteristisch für die Region. Sogar ein Fehnmuseum gibt es im Ort. Es lohnt unbedingt den Stopp, bevor es über Großefehn weitergeht in die Gartenstadt Wiesmoor. Besonders sehenswert sind die dortige Blumenhalle und der 5000 Quadratmeter große Gartenpark.

Immer wieder kommen die charakteristischen weißen Klappbrücken und die Kanäle in den Blick, bevor es dann irgendwann bei Uplengen heißt: Tschüss, Fehnroute! Unsere Tour führt

Das Fehnland erkundet man am besten mit dem Fahrrad. Unterwegs entdeckt man Windmühlen, kleine Kanäle und immer wieder Klappbrücken.

durch den Heseler Wald nach Hesel, dann weiter ins Moormerland und zurück an den Ausgangspunkt nahe Jhringsfehn. Wer auf den Geschmack gekommen ist, radelt am nächsten Tag den südlichen Bogen der Deutschen Fehnroute und entdeckt weitere Fehnorte.

FAZIT: ZAUBERHAFTE ZEUGNISSE DER MOORURBARMACHUNG ZEIGEN SICH AUF DIESER RADTOUR.

Hin & weg: Nach Klein Hesel kommt man am besten mit dem Auto.

Beste Zeit: Spätherbst oder Frühwinter.

Dauer & Strecke: Etwa 5 Std., knapp 70 km. Die gesamte Fehnroute und Informationen über an der Route liegende Orte findet man auf der Website www.deutsche-fehnroute.de

Ausrüstung: Fahrrad, winterfeste Kleidung, Proviant.

Wenn es Nacht wird: Das Alte Dichterhaus ist eine kleine Pension, modern eingerichtet zu guten Preisen (www.altesdichterhaus.de).

EISIGER STERNEN-ZAUBER

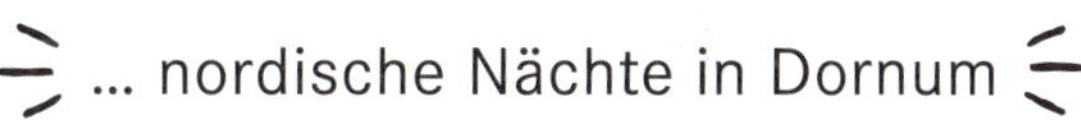

#52

Sie heißen Einhorn oder kleiner Hund – die Wintersternbilder sind ganz anders als im Sommer. Deswegen lohnt es sich, den Himmel über der Nordsee in der kalten Jahreszeit ganz bewusst zu genießen. Etwa mit einem Sternenguckerwochenende.

#BlickindenSternenhimmel #Astrospaß #Orion

Dornum ist auch bei Tag ein ansehnliches kleines Örtchen mit dem Wasserschloss Norderburg und den kleinen Backsteinhäusern.

Wer den Sternenhimmel liebt, mag den Winter. Diese klaren, fast mondlosen Nächte, in denen der Frost wie ein klärender Filter über allem liegt, sind typisch für den Januar. Während in warmen Sommernächten das Dunkel ewig auf sich warten lässt, kann es im Winter schon um 18 Uhr schön sternenklar sein. Und im Gegensatz zum Sommer steigt nun die Wärme auch nicht wabernd nach oben und sorgt für Verzerrungen. Die Kälte hilft beim Fokussieren. Damit man nicht friert, sollte man sich in warme Kleidung hüllen.

Windräder sind typisch für die Gegend um Dornum. Im Windpark Holtriem kann man sogar eine Windkraftanlage mit Aussichtsplattform besichtigen.

Frostnächte sind ebenso ideal wie Nächte rund um den Neumond. Dann stört am wenigsten Streulicht am Himmel, und das Leuchten der Sterne tritt unverfälscht hervor. Die Chancen, die Milchstraße zu sehen, stehen im Winter sogar besser als im Sommer. Also nichts wie raus und dann den Blick gen Osten richten.

Im Osten geht nicht nur die Sonne auf. Dort beginnt auch der Sternenzauber im Winter. Die Sternbilder wandern im Laufe der Nacht vom Osten gen Süden. Wichtigster Orientierungspunkt ist das Sternbild Orion, dessen drei zentrale Sterne direkt auf einer Linie liegen. Gleich darunter befindet sich das y-förmige Sternbild des Einhorns, neben dem sich der Kleine Hund finden lässt. Wer Glück mit der klaren Nacht hat, kann manchen Sternen sogar Farben zuordnen. Manche sind eher bläulich gefärbt, andere rot. Faszinierend übrigens ist, dass der Orion zunächst als liegendes H zu sehen ist und sich im Laufe der Nacht immer weiter aufrichtet, bis er tatsächlich senkrecht steht.

Eines der dunkelsten Gebiete Ostfrieslands ist neben der Insel Spiekeroog das Gebiet zwischen Dornum und Westerholt. Dort ist die Lichtverschmutzung, die das Sternegucken vor allem in der Nähe von Städten behindert, kaum vorhanden. Also am besten tagsüber eine schöne Stelle suchen und dann abends mit dem Auto hinfahren, Thermoskanne auspacken und Sterne bewundern.

FAZIT: NORDISCHE NÄCHTE SIND IN DEN WINTERMONATEN AM SCHÖNSTEN, WEIL DER STERNENHIMMEL DANN AM BEEINDRUCKENDSTEN FUNKELT.

Hin & weg: Nach Dornum fährt zwar auch ein Bus, es ist aber empfehlenswert, mit dem Auto anzureisen, damit man nachts die einsamen Stellen in den Feldern gut aufsuchen kann.

Beste Zeit: Dezember oder Januar, optimalerweise bei Neumond.

Dauer: Eine Winternacht.

Ausrüstung: Das Wichtigste ist dicke Kleidung, evtl. eine Decke. Beim Herumstehen wird es schnell sehr kalt, vor allem an den Füßen und Händen. Eine Thermoskanne mit dem Heißgetränk der Wahl ist auch eine super Idee.

Wenn es Nacht wird: Romantisch liegt das Hotel Beningaburg in einer alten Burg mitten in Dornum (www.beningaburg-hotel-dornum.hotel-mix.de).

SONST NOCH WICHTIG

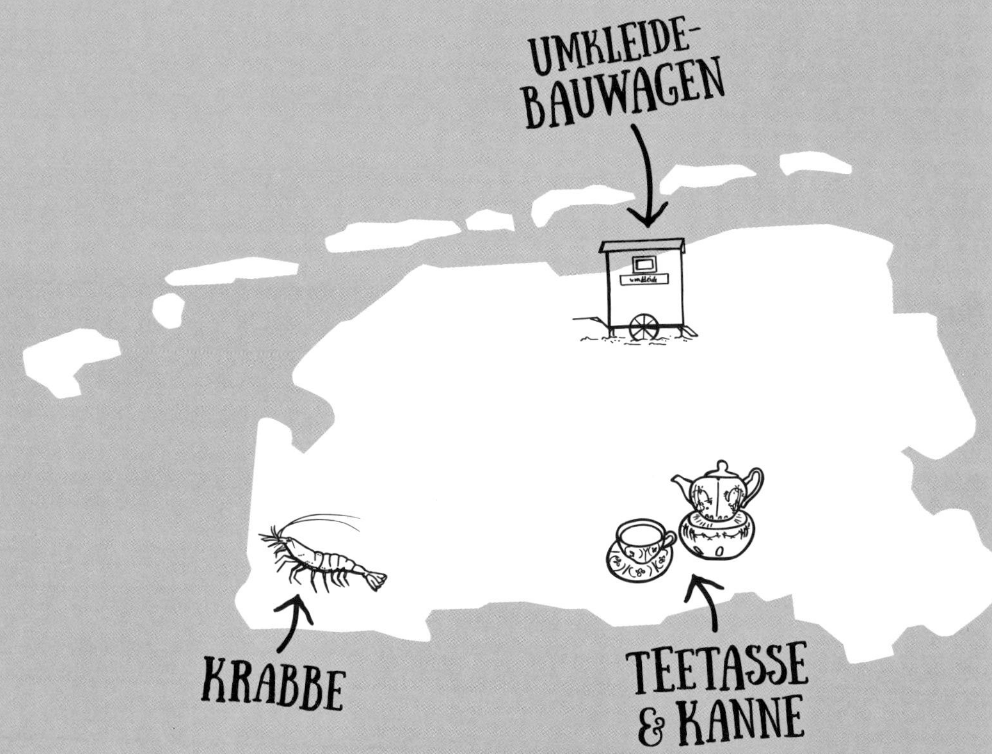

Ein- und Überblick

Karten für den schnellen Überblick, praktische Tipps, mehr über die Autorin sowie ein Ortsregister zum schnellen Nachschlagen gibt es auf den folgenden Seiten.

GPX-Download aufs Smartphone – so geht's

Voraussetzung:

Eine Outdoor-App muss installiert sein, z. B. KOMPASS, Outdooractive oder komoot. Zum Einlesen des QR-Codes benötigen Android-Geräte eine QR-Code-App. Bei iOS-Geräten ist diese Funktion in der Kamera integriert.

Daten downloaden:

1. Den QR-Code einlesen oder die Webadresse im Browser eingeben, um auf die Eskapaden-Website zu gelangen.
2. Die gewünschte Tour zum Download anklicken.
3. Bei iOS-Geräten werden die GPX-Daten direkt mit der vorab installierten App verknüpft. Bei Android-Geräten muss ggf. noch ein Weiterleiten-Button geklickt werden (z. B. oben rechts im Display). Manche Apps zeigen den Tourverlauf starr an, andere verfügen über eine Navigationsfunktion.

Tourenverlauf

GPX-Daten zum kostenlosen Download www.dumontreise.de/eskapaden/ostfriesland

short.travel/jgkk6

Auf den folgenden Seiten: Die Eskapaden in drei
Übersichtskarten von Borkum bis Wangerooge.
Die Ziffern stehen für die Eskapaden-Nummern.
SEITE 226
SEITE 227
NORDSEE
Juist
Norderney
Baltrum
Langeoog
Spiekeroog
Wangerooge
Vogelinsel Memmert
Borkum
35
24
49
Norden
Esens
Wittmund
Jever
Schortens
Wilhelms-haven
4
43
15
Dangast
12
5
Friedeburg
Aurich
36
17
Großes Meer
19
Emden
20
Wiesmoor
Zetel
38
Varel
DEUTSCHLAND
51
26
13
Leer (Ostfriesland)
Westerstede
Wiefelstede
29
31
28
Uithuizen
Appingedam
NIEDERLANDE
10 km

NORDSEE
Juist
Norderney
Norderney
Baltrum
Langeoog
Nessmersiel
Harketief
Pumptief
Benser Tief
Dornum
Dornumersieler Tief
Moortief
Sielhammer Tief
Westerholt
Norddeich
Norden
Sieltog
Marschtief
Langhauser Tief
Norder Tief
Berumerfehnkanal
Ewiges Meer
Marienhafe
Tannenhausen
Greetsiel
Störtebekerkanal
Ringkanal
72
3 km
32
44
2
6
46
37
31
23
47
45
29
52
8
25
30
7
28
14
48
34
22

Langeoog
Spiekeroog
Wangerooge
Minsener Oog
23
47
42
10
9
50
41
27
18
33
40
21
11
1
39
3
16
Neuharlingersiel
Harlesiel
Carolinensiel
Minsen
Esens
Burhafe
Wittmund
Jever
Schortens
Wester-
holt
461
210
29
Pumptief
Benser Tief
Betteworfer Leide
Margenser Tief
Ottertief
Neuharlinger Sieltief
Dornumersieler Tief
Harle
Augustentief
Grimmenser Tief
Wangertief
Bübbenser Tief
Poppenburger Leide
Crildumer Tief
Hooksieler Tief
Falsterleide
Mühlentief
Nordertief
Südertief
Maade
3 km

NOCH MEHR ESKAPADEN …

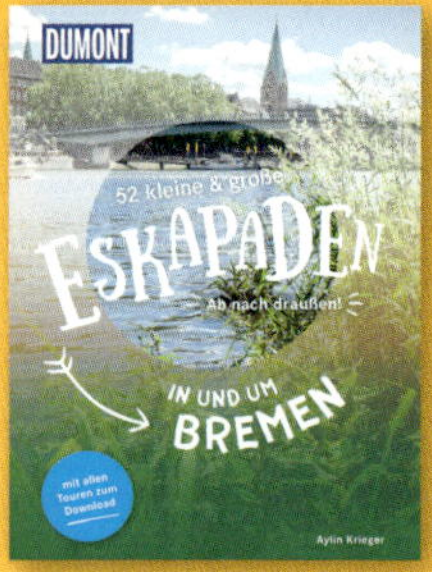

ISBN 978-3-616-11009-7

ISBN 978-3-7701-8071-4

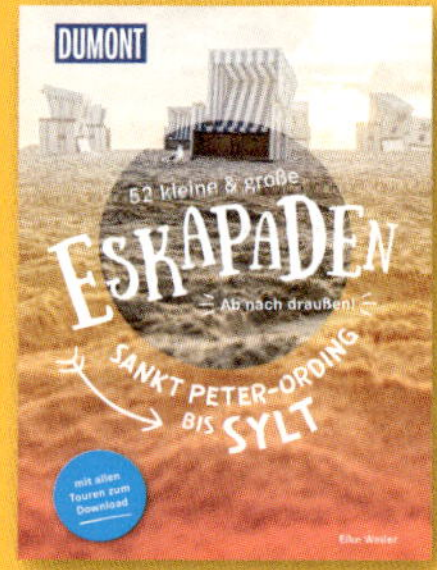

ISBN 978-3-7701-8076-9

… erhalten Sie im gut sortierten Buchhandel
und unter www.dumontreise.de

IMPRESSUM

Reihenkonzept Monique Sorban

Projektmanagement Svenja Heinle

Cover-/Buchgestaltung & Illustrationen Carolin Weidemann, Köln, www.weidemann-design.com

Layout & Satz Sieveking • Agentur für Kommunikation, München, www.sieveking-agentur.de

Lektorat Anne Köhler, Planegg

Texte & Fotos Andrea Lammert, Springe, mit folgenden Ausnahmen: iStock.com/IvonneW (Titelbild); Wikimedia Commons/CC BY-SA 4.0/Stefan Didam, Schmallenberg (S. 94 r.)

Kartografie © KOMPASS, Innsbruck, unter Verwendung von Kartendaten von © OpenStreetMap-Mitwirkende,Lizenz CC-BY-SA 2.0

Printed in Poland

3. Auflage 2022

ISBN 978-3-7701-8098-1

www.dumontreise.de

Weiterlesen

Die Ostfriesen lieben Krimis, und die Feriengäste auch. Vor allem die Krimis von Klaus-Peter Wolf erfreuen sich großer Beliebtheit, etwa »Todesspiel im Hafen«. Wer sich lieber tagesaktuell informieren möchte, greift zur Ostfriesen-Zeitung (www.oz-online.de) oder zur Emder Zeitung (www.emderzeitung.de).

Geschmackssachen

Wer an der Nordsee ist, freut sich meistens schon auf Scholle, Krabben oder Matjes (#41). Doch es gibt den Meergeschmack auch für Vegetarier: Der Queller, der zwischen Salzwiese und Meer wächst, kommt in manchen Restaurants in den Salat. Man kann ihn aber auch roh essen (#12). Unverzichtbar ist der Ostfriesentee mit Kluntje und Sahne (#2 und #13).

GUT ZU WISSEN …

Ohne Auto

Die meisten Orte in Ostfriesland sind mit Bus, Bahn und der Fähre zu erreichen (www.weser-ems-bus.de und www.urlauberbus.info). Mit Juist, Baltrum, Langeoog, Spiekeroog und Wangeooge sind fünf von sieben Ostfriesischen Inseln komplett autofrei. Auf dem Festland sind manche Dörfer sehr schlecht per Bus erreichbar, dann bietet sich das Rad oder eben doch das Auto an.

Sicherheit & Notfälle

Die zentrale europäische Notfallnummer 112 gilt auch in Niedersachsen. Alarmiert werden dabei gebührenfrei Feuerwehr und Rettungsdienste. Auf keinen Fall sollten sich Ostfrieslandurlauber allein ins Watt begeben, denn das kann im schlimmsten Fall tödlich enden.

Vor Ort im Netz

Infos über Sehenswürdigkeiten, Städte und einen Veranstaltungskalender bietet die Website der Ostfriesland Tourismus GmbH (www.ostfriesland.de), für die Inseln gibt es eine eigene Website (www.ostfriesische-inseln.de). Viele Tipps und Einblicke in kleine Läden und Cafés bietet auch der Blog www.teetied-ostfriesland.de

ESKAPADEN-REGISTER ...

Alle Orte mit Seitenverweisen

ANDREA LAMMERT

... über die Autorin

Das Raue am Norden ist es, was Andrea fasziniert. Auf ihrem Reiseblog www.indigo-blau.de beschreibt sie unter anderem, warum man nicht weit wegfahren muss, um Abenteuer zu erleben. Die Reisebuchautorin hat den Norden nie verlassen und ist froh, in Niedersachsen zu wohnen, dem Bundesland, mit den meisten Inseln im Meer. Sie findet, dass sie beim Schreiben schon genug drinnen sitzt, und liebt es, ihre Füße ins samtweiche Watt zu stecken. Am liebsten erkundet sie Ostfriesland so, wie es ihr ihr Großvater beigebracht hat: mit dem Fernglas zur Vogelbeobachtung im Rucksack.

Watt'n Spaß

Eskapade #11: Nicht nur unter den Fußsohlen macht sich der Schlick gut, sondern auch als Gesichtsmaske. Wellness direkt aus dem Watt.

Krimi-Cashing

Eskapade #8: Die Ostfriesen lieben Krimis und haben sie sogar am Deich versteckt. Auf einer Hörbuch-Radtour kann man sich Geschichten vorlesen lassen. Ganz wie früher.

5 BESONDERE EMPFEHLUNGEN ...

Drei Meere an einem Tag

Eskapade #36: Wem die Nordsee nicht reicht, der kann am Knockster Tief eine Drei-Meere-Tour per Fahrrad unternehmen.

Schlafen unter Sternen

Eskapade #42: In Spiekeroogs Westen zelten – das gehört zu den Dingen, die man in Ostfriesland auf jeden Fall einmal machen sollte. Abgeschiedener geht es kaum.

Tierische Glücksmomente

Eskapade #40: Wer genug Schäfchen gezählt hat, sollte es mal mit Lamas probieren. In Neu Augustengroden stehen sie als Wanderpartner zur Verfügung.